遺言 51
横断歩道 55
耳を持ってかれる 60
猫と死体 67
熱うつし 72
父のこわい話 78
迷惑な客 84
白髪 89
わかれてください 90
豹変 95

記憶にない写真 104
進路指導 108
ブラックリスト 112
幽体離脱 120
明治 125
舐め舞い 131
天狗的現象 137
幸せな家族 146
笑えない笑い 151
家に拒絶される 154

いただきます 162
後悔 167
爪の跡 171
九・二 177
神社のおかげ 183
汁猫 188
呼び出し 192
なんでも呑む子 200
厚意を吐く 207
禿頭 212

あとがき 218

いわくつき従業員

間宮《まみや》さんは昨年、小さいながらも会社を興した。

従業員は知人の紹介で面倒を見ることになった高橋という二十代後半の男性と、求人を見てきた三十代前半の女性が二人、パートのおばさんが一人、この五人でスタートした。

初日、間宮さんはホワイトボードを使って業務内容の説明をしていたが、どうもさっきから高橋を見ていると落ち着きがない。

集中力がないようで、なにが気になるのかチラチラと余所見《よそみ》をしている。

ここでいきなり頭ごなしに怒鳴《どな》って明日から来なくなられても困るので、いいところでいったん休憩をとってそれとなく話しかけてみた。

「どう？　気になることとか、わかりづらいところとかあったら、遠慮なく聞いてね」

それは大丈夫です、とまっすぐな目でいわれる。

「大丈夫ですけど……女の子がいますよね？」

間宮さんは携帯電話をいじったり、目薬をさしたりしている女性従業員たちへ視線を向ける。女の子といえば、まあ、女の子……かな。

そうじゃなくて、と高橋は首を横に振り、なにかをさがすように視線をあちこちに振ると、「あ、そこです」と間宮さんのデスクの斜め後ろの壁のあたりを指さした。

「女の子って……ああ、そういうのは、やめとこうね。ほら、女子たちも怖がるし」

「でも、いたら気になりませんか？」

「お祓いしようか」

パートのおばさんだった。

まだ頼んでもいないのにバッグから本格的な数珠《じゅず》を取り出した彼女は、高橋が指さしたあたりに近づくと指に数珠を絡めて合掌し、ホウジョーインジョーナンジョーみたいな言葉を早口で唱えだした。

コメディ映画のような展開だった。

自分の会社を潰しに来たどこかからの回し者かと本気で疑ったという。

この如何《いかが》わしい空気に女性従業員たちは、なにがはじまったのかと不安げな表情を浮かべている。もっと不安な表情を浮かべていたのは間宮さんだろう。業務初日から除霊だなんて幸先が悪いどころの話ではなかった。

かといって中断させて仕事を再開してもいい雰囲気でもない。高橋は同じ場所へ警戒の目を向けているし、おばさんは熱心にホウジョーインジョーとやっている。

大丈夫だ、今日を乗り越えればきっといい仲間になれる……そんな前向きになれるわけもなく、先に新しい従業員を募集すべきか、先にこいつらをクビにすべきかと考えていた。

風船を割ったような大きな音がし、おばさんから黒い玉が飛び散った。

パチンコ台のように足元にもザァッと玉が落ちて、机の下や棚の隙間に逃げ込んでいく。

数珠が弾けたのだ。

見守っていた女性従業員たちが揃って悲鳴をあげる。

「むっ、これは、ちょっときついわ。わたしには」

数珠の玉を拾いながら、おばさんは無責任なことをいいだした。

最初にいいだした高橋は注射を打たれる前の子供のような顔をしていた。

前途多難な初日を終えた間宮さんは、知り合いに頼んで事務所のお祓いをしてくれる本職の人を紹介してもらった。

四日後、従業員全員の見ている前でお祓いをする予定だったが、肝心の高橋はその場にいなかった。

初日で辞めてしまったのだ。

散々振り回しておいて――と腹も立ったが、あのまま彼を雇い続けるほうが疲れそうだったので、ここは助かったのだと前向きに考えた。

その後、知人から高橋の新たな情報が入った。

彼はあの後に別の会社の研修に参加したのだが、そこでも女の子がいると騒ぎだして行かなくなってしまったらしい。

「紹介してもらって悪いけど、あの子、虚言癖とかあるのかい？」

世の中には、ゆく先々で混乱を招くようなことを言って引っ掻きまわす人間もいる。

実は――と重たい口で語られたのは、履歴書に書かれなかった高橋の真実だった。

『人を死なせてるんだよ』
詳しい時期はわからないが、車で死亡事故を起こしているのだという。
そのことが起因しているのか、高橋は一時期、精神科に入院していたこともあった。
もし、事故で死なせているのが女の子なのだとしたら——。
子供のように怯える高橋の表情を思い出し、間宮さんは身震いした。
数珠を弾くほどの怒りの形相で、今も高橋のそばで彼を睨んでいるのかもしれない。

からから人形

「謂《いわ》れのようなものは親から聞いたことがないんですが」

鞠子《まりこ》さんの実家にあったという人形の話をお聞きした。


親たちが年に一度の蔵の整理をしていた時、当時、大学生だった鞠子さんも手伝いをしていて、たまたまその人形を見つけたのだという。

一見、こけしに似ているが寸胴《ずんどう》ではなく、胴部には手足も造形されている。見た目は粘土に和紙を張りつけた紙塑《しそ》人形のようだが、本体は木ではないかという。中に空洞があるようで、振るとからからからからと軽い音がするのだが、粘土ならもっと金属を擦るような音なのだそうだ。

ちょうど人形がおさまる形をした蓋のついた紙箱に入っていて、ちぎって丸めた紙屑を緩衝材がわりに詰めてあり、人形は半紙を幾重かに巻かれていた。

毎年、蔵の掃除は手伝っているけれどこんなものは初めて見たので、どこから持ってきたのかと親に訊ねてみると、いつからあったかは知らないが、いつの間にかあったのだという。

からからという音が耳に心地よく、ついつい作業の手を止めて鳴らしてしまう。欲しいなら持っていきなと親にいわれたので、遠慮なくいただくことにしたという。


しかし、貰ったはいいが座らせることも立たせることもできない形状なので、横に寝かせておくしかなく、微妙に場所を取って置き場所に困ってしまう。飾る目的ではなく振って遊ぶものとして作られたものなのだろう。赤ちゃんをあやすときのガラガラのような玩具なのかもしれない。

せっかく蔵から助け出してあげたのに、こうなるとまた仕舞っておくしかない。人形の入っていた紙箱は捨てられてしまっていたので、とりあえずは埃《ほこり》をかぶらないようにビニール袋に入れ、ベッドの下の収納に入れておいた。

すると、ときどきベッドの下から、からからと聞こえてくるようになったのだという。はじめは安定しない形なので、ちょっとした振動で動いてしまうのだろうと気にしなかったのだが、ある時、妹から苦情を言われてしまった。

鞠子さんの部屋の隣りが妹の部屋なのだが、時々、からからと音がうるさくて夜中に目を覚ましてしまうというのだ。

おかしな話だった。

常識知らずじゃあるまいし、夜中にわざわざ鳴らすはずがない。それどころか、ベッドの下にしまってからは一度も人形に触れていないのだ。

第一、そんなに大きな音ならば、まず自分が先に起きてしまうはずだ。

嘘を言っているようにも見えないので気味が悪くなった鞠子さんは、人形を蔵の中に戻すことにした。


数ヵ月が経った。

休日に庭木の剪定《せんてい》をしていた造園業者の人が、様子を見に来た鞠子さんの父親に、蔵の中から音が聞こえるんですが大丈夫ですかいと聞いてきた。

行ってみると確かに蔵の中から物音がする。

扉には鍵がかかっているから人ではない。壁か屋根か床のどこかを食い破ってネズミでも入り込んだのかもしれない。

大切なものを齧《かじ》られても困る。逃げ出すネズミを仕留めてくれようと箒《ほうき》を構えて待っている造園業者に、父親は目で合図をしてから蔵の扉を勢いよく開けた。

その瞬間、蔵の中の音はピタリと止んだ。

扉のすぐそばに、ビニール袋に包まれた例の人形が落ちている。

娘たちの話では、勝手にからからと鳴る気味の悪い人形らしい。

まさか、蔵の中の音はこいつが――。

このまま無視をするのもどうも座りが悪いと考え、父親はその人形を造園業者の人に渡し、どこかへ捨ててくださいと少しばかりの手間賃を払った。

これで、終わるはずだった。


翌年、朝食の席で妹がまた、鞠子さんに苦情をこぼした。

鞠子さんが、あの人形をからからと鳴らしながら、家の中を歩いてまわっているというのである。

この時、初めて父親は二人に人形をすでに処分していたことを告げた。

その言葉を信じられない妹は「じゃあ探していい？」と鞠子さんの部屋から始め、家中のあちこちを開け閉めして例の人形を探そうとしていた。髪を振り乱し、存在し無いものを必死で探すその姿は、あまりに病的で亡霊じみていた。

それから幾日もしないうちに、妹は蔵の中へ勝手に入って人形を探すようになった。もう人形はないんだと父親が何度いっても妹は聞かず、毎日数時間、蔵の中でゴソゴソと探していた。

ある日、鳥肌が立つような恐ろしい絶叫が蔵の中から聞こえ、母親が駆けつけた時には妹は姿を消していた。

その数十分後、妹の同級生の母親が町中で妹を見かけ、家へ連絡をくれた。妹はギュっとつむった片目から血をだらだらと流し、吠えるような声をあげながら歩いて病院へ向かおうとしていたという。

妹の眼球は出血のわりには軽傷で視力にも問題はなかったが、なぜか、心のほうに重傷を負ってしまっていた。誰にも聞こえない幻の音に怯える彼女は、音で音を殺そうとオーディオ機器で大音量の音楽を流していた。

しまいには、あんな人形と仲のいい姉とは一緒に暮らせないといって家を出て行き、場末の飲み屋で引っかけてきたような冴えない男とくっついた。

二人は町から姿を消し、それから連絡は一度もないという。

なにもかもをあの人形のせいだとは言わないが、よほど妹との相性が悪かったんでしょうと鞠子さんは目を伏せた。

ゲネス

当時、中学生だった大宮さんが学校から帰宅後、部屋でうたた寝していると、五歳下の弟に揺すり起こされた。

「『サダダチコトバ』しようよ」

なんだよそれは、と眠い目をこすりながら訊ねる。

言葉を逆からいうから、なにをいったのかを素早く当てる遊びだという。

なるほど、サダダチじゃなく、逆立ち言葉か。

たとえば、「マルク」といわれたら「クルマ」、「ツピンエ」なら「エンピツ」と早く返せばいいのである。

簡単すぎて遊びにもならないが、少しだけ弟につきあってあげることにした。

まず、弟が「ニカ」といった。大宮さんはわざと間を置いて悩むふりをしながら、「カニ」と答える。正解、と弟が拍手し、次は大宮さんが「ムゴシケ」というと、いきなり四文字が来たことに焦りながら手の平に指で書いて、「ケシゴムだ」と答える。

弟は楽しそうだが、大宮さんはもう飽きてきた。

それでも二十分ほど頑張って付き合ったが、眠くてうつらうつらとしてきて限界だった。

「よし、次で最後の戦いだ。かかってこい！」

大宮さんがアニメじみた口調でいうと、弟はイタズラな笑みを浮かべこういった。

「ネゲス」

——ネゲス……スゲネ？

そんな言葉は聞いたことがない。

頭の中で三文字をアナグラムしないまでも、一つの言葉が浮かんでくる。

「もしかして、スネゲじゃないのか？　それならネゲスじゃなくてゲネスだろ」

弟は腹を抱えて笑いだした。

ゲネス、ゲネスと繰り返しながら、顔を真っ赤にして笑い転げている。

なにがツボに入ったのか、笑いが止まらない。

しょうがねぇなぁと大宮さんも笑った。

この日の弟は寝る間際まで布団の中で「ゲネス」と口走りながら、ケタケタと笑っていた。

その三日後、弟は急な高熱と痙攣《けいれん》を発症させ、搬送先の病院で亡くなった。身体が弱かった弟だったが、あまりに急な別れであった。


弟の死から二カ月ほど経った頃だった。

喪失感から抜け出せない大宮さんは、家にいてもぼんやりとした時間を過ごすだけだった。

たいして読みたくもない漫画をぼんやりと読んでいると、笑い声が聞こえてきた。

ハッとなって立ち上がる。

弟の声に似ていた。

家の中から聞こえた気がするので、弟の名を呼びながら玄関、台所、お風呂場、トイレまで確かめた。

いるわけがない。弟は死んでいるのだから。

でもせめて、もう一回、今の笑い声を聞かせてほしい。

それほど似ている声だった。外で遊ぶ子供の声、テレビの声、なんでもいいから弟の声ではないという証を示してほしい。正体がわかれば諦めもつく。

いなくなってから、弟のことが大好きだったことに気づかされ、でももういないのだという現実に打ちひしがれていた大宮さんは、幽霊でもいいから出てきてくれよと涙をこぼしながら祈った。

そうだ、弟がいちばん笑った言葉がある。

家中のどこにいても聞こえるように「ゲネス」と声を放った。

少し間があったが、笑い声が聞こえてきた。

いる。

間違いない。家の中のどこかに弟がいるのだ。

何度も、ゲネスといい続ける。今度は聞こえない。さっきはたまたまタイミングが合っただけなのか。でも、まだ声はいなくなっていない気がした。

それから家中を見てまわったが弟の幽霊とは出会えず、諦めたくらいの頃に、また同じ笑い声がどこからか聞こえてくる。

弟の笑ってる声を聞いたと母に話すと、明らかに動揺した様子で「見たの?」と聞かれた。

「いや、見てないね。見えないのかも」

「見ないほうがいいよ」

その表情から、すでに母は弟に会っているのではないかと感じたという。

会ったからこそ、会わないほうがいいといえるのかもしれなかった。

それからたまに、弟に似た笑い声が家の中で聞こえたが、聞えないふりをしているという。

笑い声は母が交通事故で左足を切断した日を境に、ぴたりと聞こえなくなったそうだ。

サンケヅク

本書の原稿の執筆時、古谷《ふるたに》くんから連絡があった。

この時期に来る彼からの電話はたいていがネタの提供であるが、今回は「いちばんの我が家の謎について話していなかった」と、随分と気になる前振りがあった。

これまで出した実話怪談の本には古谷くんから取材した話は四話ほど収録しているが、すべてが彼の娘さんの体験であった。

彼は霊能力のほうは零能力であるが、今年で中学生になる娘さんは不可解な出来事に遭うことがたいへん多い。年々、数は減っているものの、今でも家の中で異様なものを見ることがあるというし、原因不明の音もよく聞くという。

しかしながら、今回の件は珍しく娘さんの体験ではないのだという。娘さんがそういう体験をしやすいことと関係があるのではないか、という話らしいのだが、それは読者の皆様にご判断いただこうと思う。

古谷くんの奥さんが娘さんを出産したときのことである。

十九時ごろに陣痛がはじまり、タクシーを呼んで二人で産婦人科へ向かった。

個室に入ってベッドに横たわる奥さんの腰を撫でていたが、せっかく準備していた入院の用意を忘れてきたことを思い出し、奥さんの様子が少し落ち着いてきたところでいったん自宅へと帰った。

玄関に用意してあったバッグを持ってすぐに産婦人科へ戻ろうとすると、家の電話が鳴った。

どうしようかと迷ったが、どうせ母親だろうなと電話を取らずに家を出た。

奥さんが懐妊したと知るや、それまで年に一、二度しかかかってこなかった実家からの電話が三日に一度くらいの頻度で来るようになっていたのである。

後で連絡をすればいいよなと産婦人科まで歩いて向かっていると、携帯電話のほうに実家からかかってきた。

「はいはい、あとでかけるつもりやったんやけど」

『あんた、いまどこ？　なんで家におらんの？　なにしとん？』

出し抜けに怒ったような口調で母親に問い詰められた。

奥さんの状況を伝えようとしたのだが、母親は自分の用件のほうが先だといわんばかりに捲《まく》し立てる。

『急やったから驚いたわ。どうしたん、喧嘩でもしたん？』

「喧嘩？　誰と？」

『こんな大事なときにほんま、あんたらはもう。なにかあったらどうするつもりなん？』

要領を得ないのでいったん落ち着いてもらい、改めて母親にどうしたのかと訊ねた。

『さっき友里《ゆり》さんが急に来てん。ほんなん驚くやないの』

母親の話によると、三十分ほど前に古谷くんの奥さんが急に実家にやった来たのだという。どうしたのかと聞いても笑ってはぐらかすだけでなにも答えないので、夫婦喧嘩でもしたのかと心配して、古谷くんに電話をかけたのだという。

「ちゃうちゃうっ、母ちゃん、その人、ちゃうでっ」

慌てて古谷くんは否定した。

「なにがちゃうんよ」

奥さんは先ほど産気づいたばかりで、自分は今、産婦人科に向かっているのだと伝えた。

母親はまったくの別人を奥さんだと勘違いしているのである。

「誰と間違えたん？　こわっ、勘弁してや、変なこといわへんかったやろな？」

『なにいうとんの、あんたいい加減にし！』

古谷くんが嘘をついていると思ったのか怒り出した母親は、もうええわ、と溜め息をついた。

『ほんなら、代わるから二人で話し』

「え？　おるん？」

ゾッとした。

『せやから、来たいうとるやろ』

今も二階の古谷くんの部屋にいるという。

呼んでくるから待ちいや、と母親のスリッパの音が遠のく。

「友里さーん」と母親が呼ぶ声が聞こえてきた。

その後、電話を代わったのは、確かに奥さんだったという。

どういうことだと訊ねても、向こうの奥さんは返す言葉に困っていた。

それから二人の会話はまったく噛み合わなかったが、会話してわかったことは、相手はやはり間違いなく、奥さんであったという。

なにが現実かわからなくなった古谷くんは、落ち着いたらかけ直すと通話を切った。

産婦人科に戻ると、奥さんは疲れ切って眠っていた。

その翌日、無事に出産を終えたという。

「実家のほうにいた妻と電話で会話をしてる時、母ちゃんが楽しそうに誰かと話している声が聞こえてきたんです。十年も前に父は亡くなっているんで」

誰と話していたのかと考えると、それも気味が悪いのだそうだ。

ソフトクリームまで？

四年前、牛島《うしじま》さんが親族の葬儀から車で帰っていた時だった。

夕食をとろうとパーキングエリアに寄って、焼きそばや味噌田楽などを買い込んで車の中で食べていると、自販機のそばのベンチで小さな女の子がソフトクリームを食べているのが目に入った。

夏場だったので、美味《うま》そうだなぁと見ていたが、まだ何時間かかるかもわからない。腹でも痛くなったら地獄だぞと我慢した。

食事を終えて一服しながら外を見ると、ベンチに座っていた女の子はまだソフトクリームを食べている。

二本目にいったのかな？

ソフトクリームがまったく減っていないように見える。

なんとなく気になって見ていると、一生懸命ぺろぺろとやっているのだが、一向に食べ終わる気配がない。ソフトクリームの形のプラスチック玩具でも舐めているのかと目を凝らすが、いや、実に美味《うま》そうに食べている。

それから二十分くらい見ていたというが、少女は減らないソフトクリームをずっと舐め続けていたという。

後日、こういうことに詳しい職場のおばさんに話すと、葬儀という人の死に触れた後だから、あなた自身が見やすい状態だったのではないかという。

減らないアイスクリームも幽霊だったのかと考えると、死ぬときは好きなものを食べながら逝きたいなと思ったそうだ。

ファンファーレ

六田《むつだ》くんは五年ほど前から急に、ファンファーレを聞くようになった。

ファンファーレというと祝典などに流される景気のいい音楽であるが、六田くんが聞く時はたいてい、怪我をする時や病気になる前など、自身に悪いことが降りかかる時である。

「最初に聞いたのが、一度目の交通事故でしたね」

夜、自転車でコインランドリーに向かっている途中だった。

ファファファファファーンと金管楽器を吹いているような音色が聞こえてきた。

その直後、横から大型バイクが突っ込んできた。

腰を強く打ち、落ちてきた自転車がぶつかって右足くるぶしが砕けてしまった。

その時は事故と関係があるなんて少しも思わなかったが、入院中にベッドから落ちて腕にひびが入った時も、直前に頭の中に鳴り響いたのだという。

その後も、職場の非常階段の扉で手の小指を潰す直前に、飼い猫が死ぬ前夜に、兄が事故で両腕と腰を骨折する前日に――すべての災厄の前に報せてくれるわけではないが、とくにショッキングなことが起きる前にファンファーレが聞こえてきた。

「音を聞いてすぐ起こらないこともあるんで、そういう時は自分に悪いことが起きるのか、自分に関係する誰かに起きるのか、気が気じゃないんですよ」


約一年半前に六田くんは、轢《ひ》き逃げに遭った。

友人と飲みに行った帰り、車通りの少ない夜道を一人でぽつぽつ歩いていると、頭の中に例のファンファーレが響いてきたという。

その直後、ヘッドライトが視界を真っ白に奪った。

あっ、という間もなく全身に衝撃が走り、六田君は宙を舞っていた。

道路に放り出され、車の走行音が猛スピードで遠のいていくのを聞いた。

ああ、ひき逃げされたんだな、と妙に冷静な自分がいたという。

喉の奥から込みあげるものがあって、寝転がったまま吐いた。

身体が勝手に痙攣《けいれん》をはじめ、大きな震えが来るたびに体温が抜けていくようだった。

その時だった。

これまで一度も聞いたことがないような盛大なファンファーレが流れた。

祝福されているような音色の中、六田君は自身の死を安らかな面持ちで悟ったという。

その後、奇跡的に一命をとりとめた彼は、怪我も両足の骨折と打撲のみで脳や内臓にも影響はなく、三ヵ月の入院で済んだ。

轢き逃げの犯人は後に自ら出頭してきたという。

「その時に流れたファンファーレが本当にすごく壮大で、危険なくらい魅力的に聞こえたんです。できればもう一度聞きたいんですが、たぶん次は死ぬ時ですよね……」

理由もなく自殺する人は、あのファンファーレに魅了された人なのかもしれません。

そんな気がするんです、と六田くんはいう。

ベンは見ている

マロミさんはストーカー被害を受けていたことがある。

「彼がこの本を読むことは絶対ありませんけど――」

万が一のことがあっても困るので一部の詳細は伏せてほしいとのこと。

〝彼〟とはアフリカ系の黒人男性で十歳年下の自称、ダンサー。

身体が大きく、筋肉質というより、ややぽっちゃりとしており、トウモロコシのような髪形をしていた。本稿では仮にベンとしておく。

当時、仕事のことで落ち込んでいたマロミさんは、鬱憤《うっぷん》晴らしにと友人に連れていってもらったクラブで彼から声をかけられ、出会って二日目で交際を申し込まれた。

いつもだったらありえなかったが、マロミさんは迷わずにオッケーを出した。

「けっして自棄《ヤケ》になっていたわけではなく、日本語もちゃんとしているんで、真面目に勉強して日本に来たんだなと好感を持てたんです」

付き合いたては順調であった。

陽気で明け透けな性格の彼のおかげで、仕事の嫌なことも忘れられた。

ただ、困ったことに彼は、お酒が入ると大好きなバスケの選手について楽しそうに話してくるのだが、マロミさんはスポーツに詳しくなく、とくに海外となるとまったくわからない。しかし、せっかく楽しそうに話しているので水は注《さ》したくないと気遣い、笑顔で相槌を打って誤魔化していたら、ある時、急にベンが怒りだした。

「ハナシヲチャントキイテイナイダロウ」

大声で恫喝《どうかつ》されたならまだよかったが、壁際に追い詰められて腕で首を押さえつけられ、耳元でゆっくり囁《ささや》かれたのだ。

喉を圧迫されて空気を吸うことができず、泣きながら謝ると顎を乱暴に掴まれてベロベロとキスをされた。

「オレハ、○×▽□ヲスルコトガデキルオトコダ」

その後、自分が○×▽□を使って何人を破壊してきたかとマロミさんに凄んできた。
○×▽□は初めて聞く言葉だったが、前後の文脈から殺人術か呪術のようだった。

後日、このことを友人に話すと「なにソイツ！　サイテイ！　超ムカつく！」とカンカンに怒った。

そんなクズ外人とはすぐに別れた方がいいよと激しい剣幕で説得されたが、マロミさんはなかなか頷けなかった。情などはとっくになく、自分もそうしたほうがいいとはわかっていたのだが、一度、怖い目に遭っているだけに、自分から切り出せそうもなかったのだ。

そこで、体育会系のガタイのいい男友達に頼んで一緒についてきてもらうことになった。


駅近くのファミレスにベンを呼び出すと、彼は男友達を見るなり、バスケの話の時に見せたよりも数倍怖い顔になった。

「マロミィイ、ナンダロウ、コイツハ」

マロミさんが答えられずにいると、やや腰が引けぎみの男友達が間に入ってくれた。

「ベンさん、マロミさんが君と話したいことがあるんだって」

するとベンは、テーブルにある食器の入った細い籠の中に手を突っ込んで、フォークやナイフを束で掴みながら、やはり大声で恫喝はせずにボソリといった。

「コイツハホントウニ、◎※×▽♯□§○¥」

自国語のようだが、マロミさんが耳にしたことのない言葉だった。それでも、とても汚くて、悪意が込められて、物騒な意味だということはわかった。

男友達はすっかりベンの迫力に飲まれて固まっていたが、ここで引くわけにはいかない。マロミさんは意を決し、店内にいる客全員に聞こえるくらいの大声で、「ごめんなさい、別れてください！」とベンに伝えた。

一発くらい殴られる覚悟もしていた。

客たちの注目を浴びていたからか、ベンはそれ以上のアクションは起こさず、寂しそうな表情で俯《うつむ》くと「ワカッタ」とだけ呟いてファミレスを出ていった。


それからしばらくは怖くて一人で外も歩けなかったが、二週間もするとだんだん、もう大丈夫だろうと警戒を解いていった。

携帯電話からベンの連絡先を消去し、例のクラブの近くにも行かないようにしていた。

別れてから半年ほど経った頃、たまにベンが夢に出てくるようになった。

正しくは、出てはこない。

姿は見せないが、どこからか自分のことをジッと見つめているのだという。

すぐ近くでベンが自分のことを監視しているのだと意識しながら、夜の町を逃げるように歩きまわるのである。

「どうしてベンだってわかるのかというと、それは夢だからとしか言えないんです」

ひと月に二、三度見る程度ではあったが、その視線、存在感がどんどん強くなっている気がし、いつの日かベンと再会し、殺される兆しなのではないかと怖くなった。


そのようなこともなく、何ヵ月か過ぎた頃。

マロミさんをクラブに連れていってくれた友人から連絡があった。

「マロミに伝えといたほうがいいと思ってね」

どうやら、ベンが死んでいたらしい。

友人がクラブの飲み仲間から教えてもらった話によると仕事先での事故のようで、マロミさんと別れてすぐくらいの時期に起きていた不幸だった。

マロミさんが彼を恐れるあまり夢で見ている時、本人はもうこの世にいなかったのだ。

複雑な感情の中で友人の話を聞いていたが、やはり心のどこかでは彼の死に安心している自分がいたという。ベンには悪いが、夢の中のようにビクビクする必要はなくなったことに心の底から救われた気持ちになっていたのだ。

それからも時々、ベンは夢の中で存在感だけを突きつけてきたが、目が覚めれば彼はもうこの世にいないのだと安心できた。

「でも、それで終わったわけじゃなかったんです」

いつ怪談らしい話になるのだろうと聞いていたわたしは、ここからなんだなとホッとした。このままストーカー被害と夢オチの話で終わりそうな流れだったので（その手の話も受け付けてはいるのだが）少々、不安になっていたのである。

ここから、ベンの霊がマロミさんにしつこく付きまとう話になるのだろう。

しかし、その後にマロミさんが語ったのは、わたしが予想していた展開とまるで違っていた。

「わたし、結婚したんです」

相手は、ベンだという。

スマートフォンで、笑顔の優しい黒人男性の画像を見せてもらう。

「ね？　顔も同じなんです」

「ええと――」

どういうことですか、とわたしは訊ねた。

クラブで出会ったベンは間違いなく死んでいて、実は生きていたというオチではない。

新しい（？）ベンは、外資系の仕事に就いていて日本語ももっと上手く、ひじょうに紳士的であるという。

ベンという名前は珍しいものではなく、顔も外国人だと見分けがつかないことも多々ある。

つまり、同じベンでもマロミさんの結婚相手はあのベンとはまったくの別人なのである。

「でも、ここ最近はそれも疑わしくなってきているんです」

だんだんと言葉遣いや目つき、酒の飲み方が死んだベンと似てきたそうなのだ。

いちばんはニオイだという。

体臭が前のベンとまったく同じで、それも急に変わったらしいのだ。

「体臭なんて、その人特有のものだからコロコロと変わりませんよ」

話はこれで終わりです、とマロミさんは結んだ。

わたしはしばらく考えていた。

この話を怪談の本に書くべきかどうかという点だ。

正直に申せば怪異らしい怪異はないので、どちらかといえば人間狂気系なのだが、そこに落ちつけてしまうのも勿体ない話なのだ。

怪異はなにも、彼女の語った話の中になくてもいい。なにより、大きな疑問がわたしには残っていた。

夢に見るまで恐れていたベンの生き写しのような人物と、なぜ結婚する気になれたのか。

それについてマロミさんは、自分でも不思議だと語った。

実は彼の死を知ってから、夢の中のベンを受け入れ始めていたのだという。

いい加減もう姿を見せたらと声をかけたこともあるという。

「結婚してから、パタリとベンの夢を見なくなったのも気になるんですよね」

マロミさんは、スマートフォンの中の夫に視線を落としながらつぶやいた。

ろくろ首

礼子《れいこ》さんは今、家にいるのがいちばん怖いという。

都内にある三階建ての実家は、とにかくいろいろなものが〝通る〟。

ただ、厄介なのは〝通る〟ものではなく、〝通ってくれない〟ものらしい。

その家は一階が礼子さんの家族、三階が姉の家族、二階が親と子供の部屋になっている。

二階は空き部屋がまだいくつかあるので、今後、子供が増えれば早いもの順で空き部屋が埋まっていくことになっている。

この家ではよく、奇妙な物音が聞こえる。

今に始まったことではなく、奇妙な音が聞えていたのは礼子さんが子供の頃からであった。音は決まって、誰もいない部屋で突然鳴る。

どすっという一度だけの足音らしきもの。箸を一本だけ落としたような音。爪を切るような音。扉が閉まる音。使っていない電子レンジがチンと鳴ることなど、ざらだという。

慣れてしまったのもあって、そういった音自体はとくべつ怖いものには感じないのだが、あまり頻繁にあるので原因はなんだろうとずっと気になっていた。

そんな話を友人にすると、知り合いに霊感のある人がいるから家を見てもらってはどうかという。

そんな人に「いる」なんてはっきりいわれたら怖いよと一度は断ったのだが、やはり長年謎だった音の正体が気になるので後日、友人に連絡して紹介してもらうことになった。

その週の日曜日。

友人が自宅に連れて来たのは、礼子さんと同じ四十代前半のきれいな女性だった。

服装も髪形もおしゃれで、腕に数珠の類は一つもつけておらず、見た目はまったく霊能者っぽくなかった。

聞けば本職は美容関係で、見えることは親しい人しか知らないので、こうして初対面の人の家を〝見る〟のは初めてなのだという。

職業として見える人でなかったことが、逆に礼子さんに安心感を与えた。

姉夫婦にも了承を得ているので、さっそく三階から一階まで、一部屋ずつ見てもらった。

すべて見終える前に、もう原因はわかりました、といわれた。

「通り道ですね」

専門的な言葉を使うなら、霊道《れいどう》といわれるものです、と。

やっぱりそういうことだったかと、礼子さんは嘆息した。

できればこういう人にこそ、霊ではなく気のせいだといってほしかったのだ。

「問題は窓なんですよ」

それぞれの階にある窓の位置がよくないらしい。窓から窓へ直通なので、いろいろなものが通り抜けしやすい状態にあるらしく、それが音の原因であろうという。

なぜかは不明だが、二階は年寄りばかりが通り、三階は子供ばかりが通るようで、一階を通るものたちの年齢は一定していないといわれた。

どうしたらいいんですかと聞くと、窓を塞ぐ他ないといわれ、礼子さんは困ってしまう。

「窓は……ふさげませんねぇ」

「そうですよね。まあ、通るだけなんで」

音が鳴ることで眠れないとか、子供が怖がるといった弊害がないのであれば、放っておいても問題はないでしょうといわれた。

霊道があるなんていわれて、お墨付きをもらってしまったような一日ではあったが、あまり怖いことをいわれなくてよかったなと礼子さんは胸を撫で下ろした。

問題は、この後だった。

ある日の夕方のことだった。

二階の子供部屋から悲鳴が聞こえ、小三の娘がどたどたと階段を駆け下りてきた。

食事の準備をしていた礼子さんに後ろから抱きつくと、「いたよ!」という。

こんなに慌てる娘を始めて見たので、落ち着かせてなにがあったのかを訊ねると、こういうことが起きていた。

二階の自分の部屋のベッドの上で、玩具を使って一人で遊んでいた。

壁とベッドのあいだに隙間があり、そこに玩具を落としてしまった。

隙間に腕は入らないので、下に潜り込んで玩具を拾おうとベッドを下りると、ベッドの下の暗いところから人の頭が出てきた。

髪の長い女の人の頭で、蛇のように長い首がベッドの奥へと続いていたという。

礼子さんはショックだった。

娘には例の〝通る〟という話はしていなかったのだ。先入観を持たれると、なにも見なくても見たと思い込むこともあるからだ。しかし――。

「ねぇ、あれなあに？　お化け？」

「首が長かったの？　じゃあ――これかな」

礼子さんはスマホで検索し、某アニメに出てくるかわいい『ろくろ首』を見せた。

「そう、こんなの！　でも、こんなんじゃない。もっと」

こんな顔だよ。

娘は寄り眼をし、舌をべろんと出した。

その顔を見た礼子さんは、娘は本物を見てしまったのだとゾッとした。それくらい、悍《おぞ》ましい顔を娘がやって見せたのだ。

怖くて部屋に入れないというので、礼子さんは恐る恐る二階へ確認しに行ったが、ベッドの下には落とした玩具が転がっているだけだった。

「やだぁ、どうしよう、また出たらいやだよ」

「大丈夫。もう同じものは出ないから。ここを通るだけなの。たまたま、見ちゃったんだよ」

よほど怖かったのか、娘はなかなか礼子さんの手を離してくれない。

「じゃあ、おまじないを教えてあげる。もし、また怖いものが出てきたら、『どっかいって!』って怒りなさい。本気で怒って伝えたら、ちゃんとわかってくれるから」

ようやく娘は頷いて、礼子さんの手を離してくれた。

安心してキッチンに戻って夕食の準備を再開すると、さっそく二階から、『どっかいって!』と聞こえてきた。

どっかいって! どっかいって! どっかいってぇぇ!

娘のかわいい声がどんどん濁っていき、老婆の絶叫のようになっていく。

ドッガイッデェェェェェ

喉が潰れるほど叫びだしたので、慌てて二階へ走った。

娘は礼子さんが部屋に入ってきたことも気づかず、ベッドの下に向かって半狂乱で叫んでいたという。

今でもたまに、二階から娘の声で『どっかいって!』と聞こえてくることがあるという。

どうも例の『ろくろ首』がまだ部屋にいるようで、もういないといった礼子さんを娘は嘘つき呼ばわりするようになってしまったという。

『ろくろ首』は娘の部屋にだけ出るようなので、親の部屋と代わるように説得しているのだが、なぜか娘は頑なに拒み続けるので、それが妙に気になっているという。

挨拶

八年前、腰が悪くなってほとんど寝たきりになった父の介助のため、若林さんは長く住んだ東京を離れて山陰にある旧家へと帰った。

あまり息子の手を煩《わずら》わせたくないのか、それとも情けないところを見せたくなかったのか、食事の時以外は自分でなんとかできるからと部屋から追い出されてしまう。

あれもこれもしなければならないから忙しくなるぞと覚悟していただけに、そうなると今度は手持ちぶさたになってしまう。

日中、物置状態になっている自分の部屋で、懐かしいものでも見つからないかと探していると、窓をコツコツと叩かれる。

こんにちは。

中高生くらいの少女が窓の外でこちらに手を振っている。

近所の子かなと窓を開けると、たった今、目で捉えていたはずの少女の姿がない。

濃い緑の草がぼうぼうに叢《むら》がる、日の当たらない裏庭の陰気臭さがあるだけだった。幽霊を見てしまったという興奮はあったが、不思議と怖いという感覚はない。優しい笑顔の少女だったからだろう。


それとなく父に、この近所に女の子が住んでいたかと聞いてみた。住んでたな、前に、と言葉《ことば》少《すく》なに答えた。

「どうした、会ったのか？」

笑顔で挨拶されたよと伝えると、気をつけろと返ってきた。

「あれは嘘だからな」

血の繋がった人間に乱暴されて殺されてドブの中に突っ込まれて、あんなに笑えるわけがないという。

父にも見えていたことに驚くが、それよりもそんな残酷な事件が故郷で起きていたことに、若林さんはひどくショックを受けたという。

「こういう田舎で起きることのほうがひどいんだ。テレビだと本当のことは伝えない。新聞じゃ、舌を切られてることも言ってないしな」

その他にも女性を道具としか思っていない身勝手な痕跡が遺体に残されていたことを聞かされた。どれも報道されていない事実だという。

「どうしてうちに来るんだろう」

「そんなことを知ってどうする」

聞かないほうがいいぞといわれた。

その週に父はなぜか玄関で転倒し、頭を強く打って病院へ運ばれた。

入院中、五日間は意識もあって喋ることもできたが、六日目の朝に「まだしにたくはない」と言いながら力尽きた。

遺言

五年前、岡田さんは友人からこんな報告を受けた。

「里中おさむが激太りしたらしい」

彼を知る者なら、それは衝撃的な事件だった。

以前は洗濯板のように肋骨が浮きすぎて、海に連れていくとすれ違う女子から悲鳴があがった、あの「ガリの里中」が、ただ太ったのではなく頭に激がついたのだ。

それまでは、なんとか彼に肉を付けさせようとみんなで食い放題に無理やりつれていったり、注文を勝手に大盛に変更したりしていたが、とうとう彼は自らの手で肉を手に入れたのだ。

「失恋で、やけ食いでもしたか?」

もう一年近く会っていないが、たった一年でそこまでなるには、よほどの理由と原因があるはずだった。

今度、直接本人から話を聞くために、久しぶりに飲みにでも誘おうじゃないかということになった。

約束は友人がとりつけておくことになって、岡田さんは楽しみにしていたのだが、結局、その日が来ることはなかった。里中の訃報が届いてしまったのだ。

自殺だった。

報せが来た時はすでに葬儀も終わっていたので、自分たちなりに里中を弔《とむら》ってやろうと彼と仲の良かった者たちを集めて飲みの席を用意した。


週末、里中を偲んで十一人が居酒屋に集まった。

「あいつ、悩みとかあったのか?」

里中の死の理由は誰も知らなかった。

集まってわかったのだが、ここ一年ほど誰も里中と会っていなかった。

彼が人との関係を断っていたその一年に、異常なほど太る原因と自ら死を選ぶ理由があるはずだった。

ウェイターが料理をテーブルに並べていく。

「あれ？　こんなの頼んだっけ。これ誰の？」

みんなが首を横に振る。

運ばれてきたのはどれも頼んでいない料理ばかりだった。

あれぇ、すいませんとウェイターは慌てて料理を下げた。

「これ、あれだ。よくあるやつだろ。おさむ、ここにいるんじゃねぇか？」

よくあるのは水や料理が一人分余計に多いという話で、今のはただの配膳ミスだと誰かがツッコんだ。

その配膳ミスが、よく続く。

頼んだ覚えのない料理がいったんテーブルに並べられ、誰も頼んでませんよといわれてウェイターが困惑顔で下げる。これが三度、四度と続くのだ。

これはちょっと変だということになった。

「あいつ、食いたいのかもな」

「あんなに食が細かったのに？」

「でもあいつ、デブキャラになったんだろ？　なら腹、空いてるかもな」

今度は間違った料理が来ても、里中のために受け取ろうなどと話していると、

「ちょっといいか」と一人が手を挙げた。

里中といちばん仲のよかった小野という小柄な男だった。

彼は今日会ってからずっと、ひと言も喋らずにぼんやりとしていた。

「食《く》やいいんだろ」

ボソリと小野がいった。

みんな、ポカンとしている。

そんな顔を端から端まで見ると小野は「遺言だよ」と告げた。

死の直前、彼にだけ里中から〝最後〟の電話が行ったのだという。

『おまえらに言いたいことがある。食やいいんだろ』

それだけいわれて、電話を切られたのだという。

「誰だよ、あいつを追い詰めたヤツ」

遺言を受け取った小野は、もう一度、端から端まで全員の顔を見た。

最悪の空気の中、頼んでいない飲み物や食べ物がどんどん届いて店員が困った顔で下げるということが、ずうっと続いた。

横断歩道

清宮さんの以前の転勤先であるSという町には、出るといわれている道路がある。近くに海軍の軍需工場跡地があり、見える人には見えるといわれる隠れスポットといわれていた。

運転中に目撃されることが多く、見える人がハンドルを握るのなら覚悟していかねばならない。その手のアンテナが敏感な人なら、かなりの高確率で目撃した後に事故を起こし、身体に重大な障害が残るといわれている。

その他にも、興味本位で来る者たちを脅かす物騒な噂がいくつも囁かれており、その真偽のほどはわからないが、実際に事故の多発する場所ではあるので、歩道沿いには運転者に向けた注意を喚起する黄色い看板がぽつぽつと立てられていたそうだ。

目撃されるのは若い女性であるとか、警備員のような姿の二人組であるとか、自転車に乗った子供であるとか、見た人の数だけ目撃されているものが違っているようであった。

清宮さんは見える見えない以前に信じる側の人ではなかったのだが、この道路で一度だけ、子供を見たことがあるのだという。

ただ、目撃した場所は同じ道路ではあるのだが、出るといわれているポイントからはだいぶ離れており、そこでは怪しいものを目撃したという噂はまったく聞かず、事故があったという話も一度も耳にしたことがなかった。


それは仕事が終わって車で帰っている、二十一時過ぎのことだった。

歩行者側の信号が赤であるにもかかわらず、横断歩道を渡っている小学生くらいの男の子がいた。

早めに気づいたので減速し、渡り切るのを待とうとしたが、男の子は横断歩道の真ん中から動かない。後ろから車も来ていないので五、六メートルほど手前で止まるが、男の子は反対側の歩道を向いたまままったく動かなかった。

普段は鳴らさないのだが、なにかに夢中で気づいていないのかもと軽くクラクションを叩いてみたが、こちらを見もしない。

この子はもしかして——。

今、自分が見ているのは、生きている男の子ではないのかもしれない。霊的なものを信じないスタンスの清宮さんだったが、この時は不思議とそういう感覚になったという。

とはいえ、完全に信じたわけでもない。

男の子はゆっくり動いているようにも見えるし、まったく動いていないようにも見える。生身にも見えるし、薄っぺらの画像にも見える。

絶対に真似してはいけない危ない賭けだが、幽霊ならばすり抜けるだろうと、少しずつ車を近づけていった。

すると触れるか触れないかのところで見えなくなったので、「ほんとにいるんだ」と不思議と冷静な心持ちで独り言ちていたそうだ。

ひと月ほど経って、得意先のクレーム対応の帰りに会社の先輩とその通りを歩いていた。

そういえば前にこのあたりで子供の幽霊を見たんですと話し、どのあたりだったかなど記憶を辿っていると、こっちこっちと先輩が先に歩いていく。

ここだろ、と示された横断歩道の周辺は、まさに記憶にある場所だった。

どうしてわかったんですか、と訊ねると、先輩は横断歩道を指した。

やけに靴跡が誇張されている汚い横断歩道があった。

白いラインの上に靴底の黒いギザギザの跡が、横断歩道の端から端までついている。

一人がつけたものではなく靴跡はそれぞれ形も柄も違い、色の濃い薄いもあるので、つけた時期も違うと思われる。

先輩は地元の人間で、この横断歩道の謂《いわ》れを知っていた。

ここでは、小さな女の子が事故で亡くなっている。居眠りだか不注意だかの大型のトラックが撥ねてしまった女の子の身体は、路面に削り取られて半分くらいしか残っていなかったそうだ。

以来、ここには半分だけの女の子が現れると言われていたという。

自分が見たのは男の子でしたよというと、先輩はアハハと笑った。

会社に着く前にコーヒーチェーン店に寄って、先ほどの道路の話になった。

清宮が見たのはオレたちかもしれん、と先輩は笑いながらいう。

横断歩道の足跡は自分たちのもので、何度も白線の上だけを往復して歩いてつけたのだという。死んだ女の子と仲の良かった子たちでおこなった、自分たちなりの弔《とむら》いだったのだと、先輩は懐かしそうな目で語った。

もしかして先輩は、その女の子のことが好きだったのかもしれない。

清宮さんはなんとなく思ったそうだ。

耳を持ってかれる

ツネさんはご高齢ながらも毎朝の散歩を欠かさぬほどお元気な方で、たいへんお喋り好きでもある。

怪談を書いているんですと自己紹介をすると、そこから話の枝がどんどん広がって尽きることがなかった。わたしがもう少し方言を学んでいれば、本書にはもっとツネさんの話を集録できたかもしれない。

ここに記す話は息子さんを介してうかがうことのできた、ツネさんの貴重な体験である。

淡々とした静謐《せいひつ》な語りを壊さぬように心がけたつもりだ。

毎年、豪雪によって孤立する小さな寒村でツネさんは生まれた。

ひとたび降り出せばしばらく身動きが取れず、物売りもやってこなくなる。

どの家も雪の気配を空と空気に感じる頃、家族総出で冬支度をはじめるようになる。当時、中学生のツネさんは二つ下の弟と二人で金集めを手伝った。親が村の世話人のようなことをしていたため、三ヵ月に一度、各戸から村の運営費を集めなくてはならないのだ。

集めた金は夜回りや会合の費用になるので金集めはとても需要な役割なのだが、大人はみんな冬支度で忙しく、また、金を出し渋る家も子供らが行けば払ってくれるだろうという理由で二人に行かせていたのだという。

一戸が払うのは五十円程度だが、子供が来てもなんやかやと言い訳をして払ってくれない家もある。

そんな家の一つに瓦木《かわらぎ》という家があり、今まで一円も払ってくれたことがない。金を徴収しにいくと、独り身の婆さんが這いずりながら家の奥より出てきて、唾《つば》を吐きかけてこようとする。しかし、唾もあまり出ないのか、吐くフリだけだったのか、ぺっぺ、とやるだけでほとんど飛んではこなかった。

それ以外はなにをしてくるわけでもないのだが、前の年からその家にはもういかなくてもいいと親からいわれていた。理由は聞かされなかったが、年寄りの一人暮らしからは回収しないという決まりになったのかもしれなかった。

家々を回ってお金を回収していると、弟が急に耳が痛《いて》ぇと言い出した。冷たい空気に中《あ》てられて痛いのだろうと絹帽《きぬぼう》を深くかぶせてやったが、耳の奥の方が痛ぇという。

耳の奥ではどうしようもない。がまんしろというと、がまんできねぇと泣き出してしまう。

しまいには耳に穴があくと大声で喚《わめ》き出したので怖くなったツネさんは、弟を家に連れて帰ろうとしたが動こうとしない。

引きずってでも連れ帰ろうと襟《えり》首をつかむと、その腕を振り払って走りだしてしまった。

逃げ出した弟は、なぜか瓦木の家の中へと転《まろ》び込んでしまった。

慌てたツネさんも後を追うと、弟は入ってすぐの戸のそばに屈みこんで両手で耳を押さえている。

痛ぇ、痛ぇ、と涎や鼻水を氷柱《つらら》みたいに足元に垂らしているので、このままでは死んでしまうと恐ろしくなった。

幸いなことに瓦木の婆さんは気付いていないのか寝ているのか、こんなに騒いでも出てくる様子はない。

弟をなんとか外へと引きずり出し、背負うようにして家まで走った。

がんばれ、がんばれ、しんぼうしろよ。

泣きわめく弟に声をかけて励ました。


ぎゃあぎゃあ喚いていた弟だが、どういうわけか家に入った途端、ぴたりと泣き止んだ。

どうしたと聞くと、もう痛くねぇとケロリとしている。

耳を見てやると片方だけ、灰色のどろっとしたものが中に溜まっている。

それを見た母は、嫌がる弟の頭を無理やり押さえ込んで、耳かきでガリガリと掻き出してやった。

これが、離れていても臭い、臭い。嗅いだことのない、嫌な気持ちになる臭いだった。

だいぶ落ち着いてきた弟に、どうして瓦木の家へなんか入ったんだとたずねた。

弟は瓦木の婆さんに呼ばれて入ったんだと言い張る。弟が一人で勝手に入っていったところを見ている。嘘をついているんだろうと問い詰めると、嘘だと疑うなら瓦木の婆さんに聞いてみろと目を尖らせる。

弟はその後、大根おろしのしぼり汁で耳の穴を洗ってもらって、すっかり元気になった。

晩方になって、瓦木の婆さんが死んだという報せが入った。

人付き合いもないのにどうやって知れたかはわからないが、布団の中で死んでいるのを近所の人が見つけたらしい。

弟と家に飛び込んだ時は、すでに死んでいたのだろう。騒いでも出てこないはずである。

すぐそばで瓦木の婆さんがどんな顔で死んでいたのかと想像すると、気味が悪いやら、薄ら寒いやら、どうにもたまらない気持ちになった。

弟はずいぶん顔色が悪かったが、嘘が露見したからだろうと放っておいたという。

その夜夜中《よるよなか》、ツネさんはウンウンと唸る声に起こされた。

隣りで寝ている弟がうなされているようだった。

起こしてやろうと弟に向くと、寝ている弟のそばにザンバラ髪の人影がある。

枕元に座って、弟の耳に指を突っ込んでいるようだった。

心配で母親が耳の様子を見ているのだろう。

自分を起こさないように気を使っているんだろうが、暗い中では見えないだろうと起き上がって電気の紐を引いた。

白い光が瞬くと、影は消えてしまった。

弟は耳から血を流し、明王《みょうおう》様のような恐ろしい形相を真っ赤にしながら歯を食いしばっている。

いでええええぇぃぃ、いでええええええぇぃぃぃ
地獄の亡者のように泣き苦しんでいる。

慌てて隣りで寝ている両親を起こし、朝を待って弟を医者へ連れていった。

弟の耳の中は、肉がごっそり抉《けず》られていた。

指の爪のあいだに血肉の滓《かす》が詰まっていたので、自分で掻き毟《むし》ったのだろうと医者

は判断し、軟膏のようなものをくれただけだった。

二十年以上も前に弟は亡くなっているが、最後まで片方の耳の聞こえが悪かった。

ツネさんは、弟は瓦木の婆さんに耳を持ってかれたんだといった。

猫と死体

本の執筆の合間にアニメの仕事もしているわたしは、一昨年あたりから海外の制作会社との共同プロジェクトに参加している。

この話は今年の初め、上海のアニメ会社との打ち合わせを終え、その後の飲みの席で聞いたものである。

「黒さんは怪談の本も書いているんですよ」

監督が改めて上海チームにわたしのことを紹介してくれた。

これはチャンスだとわたしはペンとノートを出し、通訳をしてくれるプロデューサーに「上海の怪談があれば聞かせてほしい」と伝えてもらった。

「私自身が体験したことではないんですが」

上海チームのチーフが、有名な気味の悪い話ならありますよといった。

それは猫と死体にまつわる話だという。

『猫』と『死体』。この二つのワードに、わたしはピンときた。

猫と死体にまつわる俗信は多い。

とくに多いのは、猫が人の死体を跨《また》ぐのは不吉だとする俗信である。

中国、日本、西欧圏など広く知られており、跨がられてはダメなのも死体だけでなく、棺桶ももちろんダメで、墓の上を歩かれてもよくないとする地域もある。

跨がられたらどうなるのかというアンサーに、不吉であるとか不幸になるといった漠然としたものが多いが、もっともショッキングな俗信はやはり、猫に跨られた死体は起きあがるというものだろう。

死体に猫の霊魂がとり憑くということらしい。

画を想像してもなかなか面白い話なのだが、その手の俗信は世界各地にあっても、わたしの知る限りでは実例を聞いたことがなかった。

これは貴重な話を聞けそうだと、わたしは居住まいを正して拝聴した。

ある田舎の村で起こった出来事である。

一人のお婆さんが病で亡くなった。

顔立ちが優しく、とても穏やかな性格で、誰からも愛されるような人だった。

葬儀には親族や親しかった人たちが集まり、お婆さんとの別れを惜しんだ。

これまで村で行われたどの葬儀よりもたくさんの人たちが集まり、いかにお婆さんが愛されていたかがわかる、とても素晴らしい葬儀になりそうだった。

一瞬の不注意だったという。

そばに親族たちがいたにも関わらず、お婆さんの遺体の上を猫が跨いでしまったのだ。

その場は大騒ぎだ。どうしてちゃんと見ていなかったんだと失態を擦《なす》り付け合う。

お婆さんは猫を飼っていなかったので、どこからか入り込んだ野良だったのだろう。

捕らえる間もなく、猫は忽然《こつぜん》と姿を消してしまっていた。

それからすぐだった。

お婆さんの遺体に変化が現れたのは——。

そこまで話すとチーフは自分のスマートフォンをおもむろに操作しだし、話の続きが気になって仕方がないわたしに「本物です」といって画面を見せてきた。

カラーではない、かなり古い写真だった。

一枚は椅子に座っているお婆さんで、なにかの記念に撮ったものか、民族衣装のようなものを着て、頭には変わった形の髪留めをしている。

穏やかな表情で笑みを浮かべていて、先ほどの話に出てきた人物だと説明された。

もう一枚は、横たわっているお婆さんを上から写した写真だ。

一枚目のおばあさんの遺体だという。

そこに起こっている異常は、ひと目でわかった。

眠っているように目を閉じ、薄く笑っているような、ひじょうに安らかな表情なのだが、それは顔の半分だけだった。

もう半分は、まったくの別人だったのだ。

いや、人でもなかった。

黒ずんでいる顔の半分は、しかめているように目元に皺《しわ》が寄せられ、黒い目が三角に開いて、頬が極端にこけている。

まるで、猫のような顔だ。

お婆さんの遺体は、顔の半分だけが猫になっていたのだ。

「猫が跨いでから、数時間でこうなってしまったそうです」

話の内容も衝撃的だったが、変貌を遂げた遺体の画像がネットで拾えることに、わたしは驚きを隠せなかった。

熱うつし

涼子さんが小六の頃、高学年を中心に変わったおまじないが流行《はや》った。

それは不幸の手紙に近いもので、小さくちぎった紙に自分の髪の毛を包んで相手に送ると、高熱を発症させるというものだった。

正式な名前はないので、ここでは『熱うつし』と仮に呼ばせていただく。

オカルト系書籍などに元ネタがあるのか、あるいは涼子さんの学校のみで流行ったものかはわかっていないが、急に校内で爆発的に流行ったというのである。

しかし、このおまじない、効果があったところで、相手が学校を一日二日休む程度のもの。地味であるし、効果の有無もわかりづらく、わかったところで大して面白みもない。

こんなおまじないがなぜ、そこまで流行したのかは疑問だが、時は昭和五十年代。

超能力や魔術といった不思議系の書籍やテレビ番組が豊作で、コックリさん、スプーン曲げ、ヒランヤといった未知の遊び道具に夢中になった時代である。手軽に試せる新たなおまじないがあると聞けば、くいつきたくなる気持ちもわからないでもない。

涼子さんのクラスで最初にやり始めたのは、男子たちであった。

自分の髪の毛を数本抜いて、紙に包んで女子の机や鞄の中に入れる。そこだけ見ると恋愛成就のおまじないのようだが、これは相手を病気にする「呪い」である。すぐに女子たちも報復の『熱うつし返し』を始めた。

終息の切っ掛けは、イジメの道具になったからだった。

「アイツ、ムカつくからみんなで風邪にしてやろうぜ」

クラスのリーダー各である男子のこの一声で、ターゲットになった女子がいた。

女子が席を離れているあいだ、十数名の男子が自分の髪の毛をぷちぷちと抜き出す。戻ってきた女子が次の授業の準備をしようと机の中に手を入れると、大量の『熱うつし』が溢れ出て床にばらまかれた。

教室の端まで転がっていってしまって、女子は泣きながらすべてを拾い集めていた。

その後、各クラスの学級会でこの『熱うつし』は問題視され、流行った時と同じくらいの勢いで鎮火していった。

涼子さんは高校生になる。

女子バスケ部に入った彼女は、その時期にぐんぐんと身長が伸びだし、試合でも活躍するようになって、異例の速さでレギュラーの枠を勝ち取ることができた。

その頃から、何人もの男子から告白を受けるようになった。女子たちから人気の男子もいたが、すべて「ごめんなさい」のひと言だけで終わらせた。なぜなら、自分には不釣り合いだと感じたからだった。

「○組の××くん、フラれる！」「○○部キャプテン撃沈！」そんな、自分にフラれた男子たちの噂を耳にするたび、自分の女子としての株が上がるのを実感していたという。

後に女子から圧倒的人気を誇っていたラグビー部のエースと付き合うこととなり、涼子さんの高校生活は怖いくらいに順調であった。

順調であればあるほど、女子たちからの冷たい視線も多かった。

交際一週間でラグビー部の彼氏を一方的にフッた時は、通り過ぎ様に「何様よ」「調子のんなよ」と唾を吐かれた。涼子さんには負け犬の遠吠えにしか聞こえなかったが。


高校二年の夏休み。

夏合宿が終わってすっかり気が抜けていた、ある日の深夜だった。

自分の部屋で寝転がって、テレビを見ながらくつろいでいた涼子さんは、急に嫌な寒気をおぼえた。

鼻息が熱い気がして、夏風邪でもひいたかなと起きあがると、つけっぱなしにしていた扇風機を切った、その直後に吐いた。

上気《のぼ》せたようにくらくらと眩暈《めまい》がし、吐いたものの上に倒れ込む。

全身に力が入らず、起き上がることもできない。

鼻がムズムズし、くしゃみをすると赤い飛沫が飛び散った。

手足が跳ねるように痙攣《けいれん》し、そのたびに床を叩く音が恐ろしい。

——やだ、なにこれ、なんなのこれ。

命にかかわる重大な出来事が、我が身に起きているのだとわかった。

朦朧《もうろう》としながら、部屋のドアを見ていた。

――誰か。誰か、助けて。

誰かを呼ばなければ、自分はこのまま死んでしまう。

それくらいわかりやすく、命が弱っていくのを感じていた。

ドアが音もなく開いた。

――よかった！　助かった！　家族が帰ってきてくれたんだ！

だが、いくら待っても部屋には誰も入ってはこない。

しばらくすると腕だけがスゥッと入ってきた。

大理石のような色の腕は子供のように細く、床に近い高さでゆっくりと上下に揺れていて、しばらくそうしていると引っ込み、数秒後にまた腕だけがスゥッと入ってきて同じ動きをする。それが繰り返される。

涼子さんには見ていることしかできず、その後のことはなにも記憶していない。

目が覚めると救急車の担架の上だった。

強張《こわば》った両親の顔が自分を見下ろしている。

身体が衰弱しきっていて、発見が遅ければ命の危険があったといわれた。

奇跡的に二日間の入院・点滴だけで家に戻ることのできた涼子さんは、それから数日後に自分のスクールバッグの中から丸めた紙くずを見つける。

広げると中からは十数本の黒い髪が現れる。

『熱うつし』である。

嫌な予感がしてバッグをひっくり返して中身をすべて出すと、三十個近い『熱うつし』が出てきた。

とても全部を広げて確認する気にはならなかったが、髪の毛の代わりに蟻の死骸が何匹も入った紙くずもあったという。

撲滅されたと思っていた呪いが、進化していたのだ。

父のこわい話

「うちの父はとくに、この手のものは大嫌いだったんです」

信也《のぶや》さんの父親は心霊や怪談などの言葉を聞くだけで眉間に皺を刻む。

霊のみならず、未確認飛行物体やUMAといった、いわゆる不思議系の全般に対して異常なほどの拒否反応を見せるのだという。

懐疑的という以前の問題で、そういうものを扱う出版社やテレビ局、そんなものを見て喜ぶ読者や視聴者の神経がわからんと、とにかく全否定のようなのだ。

そういう父親のもとで育った反動だろうか、信也さんは高校生になると新聞のテレビ欄で毎日、その手の番組がないかとチェックするようになり、とくに心霊と名のつく番組には目がなく、必ず録画をしていたという。

録った番組はいつも自分の部屋で視聴するようにしているのだが、その日は父親の帰宅が遅くなると母親から聞いていたのでリビングで流した。

リビングのテレビのほうが画面サイズも大きく、サラウンドも自分の部屋のものとは比べ物にならないくらい良質なので、大迫力で怖い話や映像を楽しめるからだ。

視聴し始めて三十分ほど経った頃、玄関から「ただいま」と聞こえてきた。

予定より早く用事を終えた父親が帰宅したようだった。

せっかくいいところだったのに――。

文句をいわれたら移動すればいいかとそのまま見続けていると、部屋着に着替えた父親がリビングに入ってきた。

なにをいわれるかなと横目に見ていると、ソファにドスッと腰をかけた父親は黙って番組を見はじめた。

どういう風の吹きまわしだろうと不審に思いながら番組を見続けた。

それから別にぶつぶつ文句をいうわけでもなく、無言の圧力をかけてくるわけでもなく、いちいち否定的な発言でぶち壊しにしてくるわけでもなく。

チラリと横目で見ると真剣な目をテレビ画面に向けている。グラビアアイドルが霊の感情を感じ取って泣き出した、かなりウソくさい映像が流れている時も、その目の真剣さに変化はなかった。

そうして二時間弱の特番を一本視聴し終え、フゥーと満足の溜め息をこぼしたところで、ソファの父親に「どうしたの？」と訊ねた。

「珍しいじゃん」

父親は煙草に火をつけると神妙な面持ちでこういった。

「怖い話をしてやろうか」

父親の勤め先の近くに『はなや（仮）』という食堂があるという。

二年前に店主が首を吊ってしまい閉店、それから店は閉まったままで今も残っているのだが、最近になって妙な噂を聞くようになったのだという。

いつもは硝子《ガラス》の引き戸が閉まっていて、内側からカーテンのようなものを掛けられて店内の様子は見えないのだが、時々、夜中に店の中から明かりが漏れているというのである。

「――ん？　終わり？」

終りだ、と父親はいう。

あの父親が「怖い」というくらいだから、どんなにすごい話が飛びだすかと思ったら、学校の怪談レベルの噂話だ。

死んだはずの店主が料理を作っていたとか、食べに行った人がどうかなったとか、せめてそんな尾ひれが付けばまだしも、ただオーナーが変わって今は深夜営業になっただけではとツッコまれそうなオチ。

そんな茶々を入れれば機嫌を悪くするかもしれないのでスルーしたが、ずいぶんと薄口の怪談である。

父親はこの手の話に否定的なのではなく、こんな些細な噂話でも怖いと感じてしまうような極度の怖がり屋なのではないだろうか。

そう考えると、信也さんは急に父親へ親しみが湧いたという。


信也さんが大学に入った頃、父親は肺がんで亡くなってしまった。

それからしばらくして、なぜか浴室で頭を洗っている時にふと、あの「怖い話」を思い出した。

ぞくりときて、「あれ?」となった。

聞いた時には大した話ではなかったのだが、思い出してみると不思議と怖い。

あの話のどこに、そんな怖さがあっただろうか。

記憶違いをするほど込み入った内容の怪談でもない。

店主の自殺した店が深夜、明かりを灯しているという不確かな情報だけの中途半端な『怖い話』のはず——なのだが、なぜか、信也さんの腕には鳥肌が立っていた。

あまりの怖さに無意識に肝心な部分を記憶から消してしまっているのか。

話の中にサブリミナル的な効果が隠されているとか。

父親からもう一度、あの『怖い話』を聞きたかった。

信也さんは熱いシャワーを浴びて、全身に絡まる正体不明の怖気《おぞけ》を洗い落とすと、わざと大声で歌いながら浴室を出た。

脱衣所に悲鳴があがった。

二つ下の妹が強張った表情で立ちすくんでいる。

「おまえ、なんだよ!」

出てけよバカっ、と毒づきながら、タオルを掴み取って自分が出ていった。

その後を泣きそうな顔の妹が小走りでついてくる。

「おにいちゃん、今——」

お父さんいなかった？

妹の話では、信也さんが浴室から出てきた時、その後ろに亡くなった父親がいたのだという。

よほど怖かったのか、今夜は風呂に入らないと泣き出してしまった。嘘をいっているようには見えなかったという。

「語り忘れていた肝心な『怖い』部分を、わざわざ話に来てくれたのかもしれません」

いまだに父親の『怖い話』を思い出すと、恐怖の源泉がわからないのに鳥肌が立ってぞくりとするという。正体不明なので、怖さに慣れることがないのだ。

怖いもの好きへの最高の遺産ですねというと、信也さんは笑って頷いていた。

迷惑な客

道場《みちば》さんは過去に劇団員をされていた。

「まあ、貧乏でしたよね」

基本、劇団員はお金がないという。

みんなバイトはしているが、公演が決まると舞台稽古に入ってしまうので、ほとんど働けなくなる。よほど融通が利くバイト先でなければ続けられないので、そういうバイトを探すだけでも一苦労だ。さらに舞台のチケットにはノルマがあり、達成できなければ自腹。そのため、借金を抱えている劇団員はとても多いという。当時の道場さんは酢をかけたご飯ばかり食べていたそうだ。

中にはちゃんと稼げる公演もあるのだという。

「劇団にとって旅公演はいい収入源なんですよ」

旅公演は公演先の劇場が買い取ってくれるのでチケット代の心配がないだけでなく、

日当までもらえてしまう。

「うちの劇団は年に一度、一ヵ月間、何ヵ所か巡るんです。だからありますよ、この劇場は出るとか、普通じゃ起きないようなトラブルが多いとかって話は。でもまあ、公演がはじまったらそれどころじゃないですし、終わったらすぐにバラして次に行くって感じなんで、バタバタして怖いどころじゃないですけどね」

そんな道場さんが一度だけ、鳥肌が立つ思いをした公演があった。

S県の劇場で上演したのは、人間ドラマを描いた作品だった。

ありがたいことに満員御礼。若い人から高齢の方まで観に来てくれていた。

幕が上がって芝居がはじまった、その五分後――。

ヒロインが主人公を説得する冒頭の大事なシーンで、それは起きた。

おげぇっ。

大事な台詞《せりふ》に客のえずく声がかぶった。

クスクスと客席から笑いが漏れる。

――おいおい、二日酔いで観に来てくれたのか。

今回は大道具のチーフとして参加している道場さんも舞台袖で苦笑していた。

その後もたびたび、台詞のところでえずく声がかぶった。

最初のほうはまだ笑えたが、観客も演者側もだんだんと苛々《いらいら》しだした。

シリアスなシーンが、どこぞの飲兵衛《のんべえ》のせいで台無しである。苛立ちで集中力が切れてしまったのか、台詞がとんでしまう演者も続々出てくる。

この公演はいったいどうなってしまうんだろう。

ヒヤヒヤしながら見ていると、スタッフがやって来て舞台の上のほうに視線を向けている。

「どうかした?」

「いや、金本《かねもと》がなにか下がってるっていうんで見に来たんすけど」

「下がる?」

照明係《かねもと》がなにかの異常を見つけたらしい。照明なんかが落下したら大惨事だ。

道場さんも舞台の上へ目を凝らす。幸い、客席からは見えない位置だが、確かになにかが下がっている。

「道場さん、あれ、足に見えません?」

「――ああ、見えるな」

真っ白い両足がぶら下がっていた。

人が首でも吊っているように見えるが、そんなことができる場所ではない。

ゾッとしながら見上げている道場さんに耳に、また「おげぇっ」と聞こえてきた。

――なんなんだ、今日の公演は……。

舞台裏がざわついていた。

下がっている足を見に、何人ものスタッフがやってきて言葉を失っている。

シーンを終えたヒロインが舞台袖に入ってきて、「ちょっとなんなの」とぼやく。

主人公の名前をいうところで決まって、あの「おげぇっ」がかぶるのだという。

そういえば、他の演者の台詞でも主人公の名前のところで必ず入ってくる。

「これ、嫌がらせなの？」

「でも、こんなこと、できるか？」

「台詞が全部入ってないと、こんなにタイミングよくはできないよな」

「じゃあ、なにが起きてるの？」

その疑問には誰も答えることができなかった。

不穏な空気のまま公演が終わった。

カーテンコールの途中で退場する人もいた。

帰っていく客も微妙な表情で、あの声の犯人を捜そうとしているのか、怖い顔で客席を見まわしている客もいた。

少し目を離しているあいだに、ぶら下がっていた白い足も消えていたという。

アンケートも概《おおむ》ね、心を挫《くじ》かれるような散々な感想ばかりを頂いたそうだが、『とちゅうでしんじゃった女の人がよかった』と褒めてくれる人も中にはいた。

まあ、死ぬ登場人物など一人も出てはこないのだが——。

「あの劇場で亡くなった人の仕業なんでしょうけど、もし劇団員なんだとしたら腹が立ちますよ。この世界の苦労はよくわかっているはずなのに、なにがしたかったんでしょうね」

その劇場は今もあるというが、あまりよい評判は聞かないそうだ。

白髪

ある夏の晩。
菜苗《ななえ》さんが眠っていると、えーん、えーん、と子供の泣く声が聞こえてきた。
見ると部屋のドアが開いていて、とば口に子供の影が立っている。
菜苗さんが目覚めたのがわかったのか、「ママ、ママ」と呼び始めた。
「なに？　そこでなにしてるの？」とたずねた。
「おばあちゃん、きた」
そういうと自分の足もとになにかを置いて、パタタタと走り去ってしまった。
部屋の明かりをつけると、先ほど子供の立っていた場所に白髪が束で落ちている。
隣で寝ている夫を揺すり起こし、今あったことを伝えた。
ご夫婦には、お子さんはいない。
白髪がなにを意味しているのか、わからないという。

わかれてください

昨年の春先、峰岸さんは仕事々々の日々に身も心も疲れ果て、十二年勤めた会社を辞めた。

心の湯治をしようと温泉のある民宿に三泊四日の予約を取り、不安なことはなにも考えず、美味しい酒、美味しい食事、身体の芯まで温まる温泉につかってぐっすり寝る、そんな楽しむことだけに時間を費やす旅にしようと考えながら、その日を迎えた。

予定通りに楽しいことだけをして一日を過ごした峰岸さんは、翌日のことを考えて深酒はせず、早めに床へ入った。

きゅうううううううううううう

小動物が死んでいく時の鳴き声のような、そんな切ない音《こえ》で目が覚めた。

夜中に鳴く鳥でもいるのかなと、ぼんやり考えていると、急に部屋の中に誰かがいるような気配を強く感じ、飛び起きて電気をつけた。

部屋が明るくなると、先ほど感じた強い存在感は嘘のように消えた。

――寝ぼけていたのかな。

ぽと。

音がして、足元を見ると小さく折り畳んだ紙が畳の上に落ちている。

拾って紙を広げると、そこには文字が書かれている。

寝ぼけ眼《まなこ》で一文字ずつ追っていき、うわっ、と紙を放った。

わかれてください

幼児の書いたような覚束《おぼつか》ない鉛筆の字だった。

部屋を見まわす。

トイレや押入れの中も見てみる。部屋の鍵も確認し、カーテンを開けて闇に目を凝らす。

誰かが入り込んでいた可能性を少しずつ潰していく。

先ほど錯覚だと判断した〝気配〟が、急に生々しい手触りの記憶となって浮いてくる。

怖いほうへ、怖いほうへと想像が膨らんでいく。

——よく考えろ。死んだヤツがわざわざ、鉛筆と紙を使って初対面のオッサンを脅かす意味はなんだ？

きっと、前の宿泊客の書いたものが片付いていなかったのだ。着ている浴衣のどこかに引っ付いていたのかもしれない。

せっかくの温泉旅で別れ話にでもなったのだろう。哀れだな——。

なんとかそっちのほうに想像を転がし、怖さを紛《まぎ》らわせることに成功した峰岸さんは、紙を丸めてゴミ箱にポイと放り、トイレへいってから、また布団に戻る。

念のため、電気は点けたままにしていた。

瞼《まぶた》を閉じるが、一度、変な起き方をしてしまったからか、なかなか寝付けない。

ふっ、と翳《かげ》ったのが瞼越しにわかった。

顔の上にあるなにかが、電気の明かりを遮っている。

自然と呼吸が荒くなり、顔の前のなにかが峰岸さんの息を跳ね返す。

瞼を開けたら、そこになにかがいるのだ。

怖い想像が頭の中で育っていく。

心臓がバクバクと鳴り出す。

――くそ。俺がなにをしたっていうんだ。

峰岸さんは急に腹が立ってきた。

――よし、見てやるよ。何様がいようと、俺の大切な休息の旅を邪魔する奴は怒鳴り散らして罵声を浴びせてやる。女だったら卑猥な言葉を吐いてやる。男だったら死んだことを後悔するくらい馬鹿にしてやる。その間抜け面を見てやるぞ、見てやるからな。

カッと目を見開いた。

目の前にあるのは、木目のある板だった。

しばらく見つめていた峰岸さんは、指先で触れてみるなどしているうちに、それがなんなのかようやくわかった。

天井だ。

峰岸さんは仰向けの状態で、天井のすぐそばまで浮き上がっていたのである。

「もういいよね」

耳元で子供の囁きが聞こえた。

よくない！　峰岸さんは大声を返した。

すると身体は急に浮力を失い、布団の上にどすんと落ちた。

財布と携帯電話を掴んで部屋を飛び出した峰岸さんは、談話室のマッサージチェアに座って朝を待ったという。

もし、あの時に子供の声に頷いていたら。

きっと命を持っていかれただろうと峰岸さんはいう。

豹変

これから記す話の中に登場するホテルは、その方面では有名な場所だそうだが、わたし自身がそういうスポットの情報に明るくないのと、先入観を持って読んでほしくないという理由で、特定できるような情報を省かせていただいた。


今から約二十年前のことだという。

南田さんは大阪で宝石販売の会社を経営していた。

店舗を構えているわけではなく出張販売専門で、この日も十五人ほど社員を連れて車数台で広島まで向かった。

現地のホテルの大広間を借り、そこで展示販売をするのである。

翌日の会場の設営のために前乗りしたのだが、なぜかありえないトラブルが続いてまったくはかどらず、明日の来客の確認の電話などを済ませると、もう日が暮れかかっていた。

今日は食事をしたら、明日に備えて部屋で休もうということになったのだが、最大のミスが起きていた。誰も泊まる部屋をとっていないことがわかったのである。

会場を借りるホテルはすでに満室。それから車で市内中のホテルを探してまわった。社員の中に偶然、地元が近いという者がいて、彼が地図を見ながらホテルのある場所までナビしたが、どこも満室か空き室不足で、そうこうしているあいだに、どんどん空は暗くなっていく。

いよいよ車中泊を覚悟しなければならないかという時だった。

一軒だけ空き室のあるホテルが見つかった。

しかも、宿泊料がかなり安い。

「お、ええやん」と南田さんはそこに決めようとした。

胸を撫でおろす社員たちの中、一人だけ複雑な表情をしている者がいる。

地元が近いという社員である。

「そこ、『幽霊ホテル』っていわれてるとこですけど、いいですか?」

えっ、とみんなの表情が強張った。

「幽霊？　ふーん、どんな噂があるん？」と南田さんが笑い交じりに聞く。

「ぼくはよく知らないんですけど、結構すごいって。まあきっと」

幽霊がでるんでしょうね、と苦笑いする。

さっきまで救われた表情をしていた社員たちの笑顔が引き攣《つ》った笑みになっている。

南田さんは一人、二人の尻を叩いて笑った。

「いい大人がびびってどないすんねん。こっちは十六人や。負けへんやろ」

「でも部屋はみんなバラバラですから……」

「ほな、ひと声上げたら全員でいったるわ」

強気な社長の発言で、この日から一週間の宿泊先は『幽霊ホテル』に決まった。


ホテルに着くなり、南田さんは冗談半分でフロントの人に訊ねてみた。

「ここって、ユウレイが出るとかいう噂、あるんでしたっけね？」

ぎこちない笑みでも返されるのかと思っていたら、

「ぼくは見たことないんですけど、見たってお客さまは時々いらっしゃいますね」と普通に返される。

「あちらの奥にある遊技場で、子供を見たって話をよく聞きます」

「え、普通におるん？」

価格が安くて『幽霊ホテル』なんて言われているが廃れていることもなく、上品な佇まいのいい雰囲気のホテルである。とても幽霊が出るような場所には見えなかったので、ホテルマンの対応には南田さんも驚かされた。

チェックインを済ませた後、せっかくだからと全員で『出る』という遊技場に集合し、卓球などして夕食の時間までを過ごした。

他に客の姿はなかったが、明るい照明も点いているので幽霊が出るような場所には見えなかったという。


幽霊とも会わず、何事もなく日が過ぎていき、出張も残り一日となった。

展示販売会場で社員たちの接客を見ていた南田さんは、一人の社員の変化に気づいた。

山木《やまき》という若い社員だ。

彼は販売職にはあまり向いていない大人しいタイプだが、真面目で誠実な性格が言動にそのまま表れるので客受けはそれほど悪くなかった。

しかし、この時の様子はいつもの山木のものとは違っていた。

客に対して、やけに高圧的なのだ。

「いいんですよ、別に。買わなかったら買わなかったで。で？　どうするんですか？」

そんな態度で接客しているので、女性客は泣きそうな表情になっていた。

客の態度がよほど悪かったのかと見ていると、他の客に対しても同じだった。彼の強い口調に萎縮して表情がすっかり強張っている客もいた。

ただ、いつもより契約は取れていた。

売り方を変えたのかもしれないが、このやり方は危険でもあった。いつトラブルになってもおかしくない。消費者センターならまだいいが、警察に駆け込まれたら終わりだ。

他の社員たちも山木の異変に気がついて、心配そうに見ている。

そんな一人が南田さんに小声で相談してきた。

「今日のあいつ、ちょっと様子が変なんで、帰りは社長の車に乗せてやってくれませんか？」

疲れているのかもしれないんで話とか聞いてやってください、と頼まれたという。

そうこうしていると、山木の最後の客が仮契約のサインをして帰っていった。

この日の売り上げで山木は、ここ一週間の売上げのトップに立った。


南田さんは自分の運転する車に山木を乗せ、まずは今日の頑張りを褒めた。

「おまえ、今日はすごいな。生まれ変わったんか？」

はぁ、と気のない声が返される。

「いつもと様子がちゃうから、みんな心配しとったで？」

「いや、でもまあ、売れましたからね」

「ストレスとか溜まってへんか？　イライラしてるように見えるで？」

「別にいいじゃないですか、売れたんだから。それとも、売れないほうがいいですか？」

「お、おお……どうした、どうした」

「結果がすべてなんですから、いいですよね、別に」

「まあ、そうやけど」

それからはなにをいっても噛みついてくる。

——アカン、興奮させてもうたかな……。

もういつもの山木らしさは欠片《かけら》も残っていなかった。

南田さんがなにもいわなくとも、尖った言葉を吐くのを止めなくなった。

まるでフロントガラスの向こうに誰かがいるかのように、前だけを見据えて捲し立てていた。

もう、なにに対して毒づいているのかもわからない。だんだん口調も荒々しくなって、いきなり殴りかかってきそうな剣幕だったが、それが急にピタリと止まった。

少しは落ち着いてくれたかと山木を見ると、泡を吹いている。

慌てて車を路肩に止めると、白目を剥いてドアにもたれかかっている山木の肩を揺さぶって名前を呼ぶ。意識がなくなっていた。

他の車にいる社員に救急車を呼ぶように伝えるが、ここは高速だから下りて病院へ向かった方が早いといわれ、まだ神戸の手前だったが、一番近いインターで下りて病院に向かった。

山木はそのまま緊急入院となった。

検査の結果、頭の中の血管が切れていることがわかり、すぐに山木の両親に連絡を入れた。

翌朝に到着した両親に、南田さんはわかる範囲で経緯を伝えた。

両親は突然のことに呆然としているばかりだった。

このまま山木を置いていくのは忍びないが明日も仕事がある。意識が戻ったら連絡を頂きたいと両親に伝えて、南田さんたちは病院を出た。

「さっきは話せませんでしたけど」

帰りの車中、社員が言いづらそうに伝えてきた。

今朝、山木がこんなことを言っていたという。

——昨日の夜、見ちゃったんです。

「なんやそれ。山木のヤツ、まさか幽霊見たとかいうんやないやろな」

さあ、と社員は首を傾げる。

「いわんで正解やな。あのタイミングで親にする話やないで」

そうはいいながらも、無関係ではないかもなと南田さんは考えていた。

山木の親から連絡はなかった。

もうすぐ一ヵ月が経とうという頃、南田さんは山木の実家に電話をかけてみた。

母親が出たので息子さんの容体はどうでしょうかと訊ねたが、綿に石を投げつけているみたいで反応が微妙だった。なにかをいいかけ、途中で止めて、またなにかをいいかけ、また止めて——どうも向こうの対応が煮え切らない。

「落ち着きましたら、ご連絡ください。失礼します」

はいぃぃ……と力のない返事を聞きながら、南田さんは相手が受話器を置くまで待っていたが、向こうからも通話を切ることなく、受話器の向こうから薄い呼吸音を聞かせてきた。

三十秒ほど待っても向こうが受話器を置かないので、急に薄ら寒くなって南田さんから受話器を置いたという。

連絡がないまま、その翌年に宝石会社を畳んだので山木のその後はわかっていない。

記憶にない写真

勇志《ゆうし》さんの自宅に郷里の幼なじみから米が送られてきたことがあった。

他にも、地元でしか売られていない子供の頃から食べていた懐かしい菓子や、昔の写真なども入っていた。

写真は書類用の封筒に束で三十枚ほど入っており、小・中・高と共に過ごした時代に撮られたもので、よく通った駄菓子屋、祭りの日の神社、よく遊んだ河原など、懐かしい光景が記憶の中でも蘇っていった。

これらを送ってくれた幼なじみは小さい頃からカメラが好きで、父親のカメラをどこに行くときも首から下げて、なにかとあれば撮っていた。おかげで、自分が取りこぼしている思い出も写真の中にたくさん見つけることができたという。

セピア色の時間にひたっているところ、幼なじみから電話がかかってきた。

「さっき届いたよ。なんか悪いな、いろいろ」

『いいって。その代わり年末はちゃんと帰ってこいよな。それより写真見たか？』

「ああ、今見てるよ。ん？」

記憶にない一枚が出てきた。

窓から光が差し込む暗い廊下。

奥の方にセーラー服姿の女の子が立っている。

全体的に青暗い写真だった。

関係ないのが入ってるぞと笑いながら教えると、『女の子のやつか？』と聞かれる。

写真を見たまま伝えると、それは幽霊が写ってるんだといいだした。

そんなもの送ってくるなよなと呆れつつ、写真の中に『幽霊』をさがす。

この光か？　いや、窓のところか？　さすがにこの女の子じゃないよな。

「わっかんないな、どこに写ってる？」

『それより覚えてないか？　中二だったかな、おまえが山へ行きたいとか言い出して——』

そこから幼なじみが話しだす思い出話は、勇志さんのまったく知らないものだった。

ところどころで自分の名前は出てくるのだが、行動も言葉も自分のものではない。

別人と勘違いしているのだ。

それでも途中から思い出す可能性もないとはいえないので、最後まで聞いてみたのだが、やはり記憶にない話だった。

それ、俺じゃないよと笑うと、あんなことするの、おまえ以外に誰がいるんだよとムキになって返される。

幼なじみの記憶では、勇志さんは山へ行くとすぐに学校を見つけ、中へ入ろうと彼を誘ってきたという。怖いから嫌だよと断ると、なら一人で入るから先に帰っていいよといわれ、幼なじみはなんとか行かせないように説得したけれど、制止を振り切って勇志さんは学校の中へと入っていったらしい。その学校はとっくの昔に廃校になっている場所で、幽霊が出ると噂もあるので絶対に行きたくなかったのに、一人でずんずん入っていってしまうから大変だったんだぞと文句をいわれた。

山も学校も幽霊の噂も、なに一つとして記憶にかすらない。

幼なじみは完全に記憶違いをしているのだ。

『そこに写ってる女の子いるだろ？　それ、いるはずのない子なんだよ。だって、廃校なんだからな。思い出したか？』

どんどん気味の悪い内容になっていくので、もうこの話はしたくなかった。

「それさ、俺じゃなくて、俺とそっくりなヤツと行ったんじゃないの？」

半ば冗談でいうと、しばしの間があって、『あぁ、なるほど』と納得した様子だった。

『どうりで噛み合わないと思った。じゃあ、おまえがわかるはずないよな』

それなら写真は捨てて構わないからと、一方的に通話を切られてしまった。

呆気に取られていると、またすぐに幼なじみからの電話があった。

あれはやっぱり子供の頃に見た夢のことだったと、急に取り繕《つくろ》うとする。

それならこの写真はなんなんだよと訊きたかったが、このことについてはこれ以上触れないほうがいいような気がしてやめたのだという。

この翌年の新年早々、幼なじみは事故に遭って半身不随となってしまった。

同年、帰省した時に会いに行ってみたが、すっかり痩せ衰えていた。

電話で話した内容に触れるのをひどく嫌がっている様子だったので、以来この一件についてはどちらからも話していないという。

写真は捨てていないので、どこかにあるはずだという。

進路指導

吾郎さんのお祖母《ばあ》さんはアパートを持っていた。

町内でボロアパートといえばここで、小豆色に塗られた塀と建物が遠目に同化するので、別名、羊羹《ようかん》アパートと呼ばれている。

住人は二階に男性が一人、一階にお祖母さんと一緒に吾郎さんの二つ上の従兄《いとこ》が住んでいるだけで、あとは空き室になっていた。

ある年、お祖母さんが亡くなったので、このアパートをどうするかという話を親戚が集まってすることになった。

アパートのすぐそばに本家があったので大人たちはそこに集まり、子供たち五人は外で遊んでいろと放り出される。

かくれんぼをすることになったのだが、吾郎さんは怖がりなので狭くて暗い所に隠れることができない。さがす方なら大丈夫だからと鬼をやらせてもらった。

百を数えている時、アパートのほうへ向かう足音を聞いたような気がしたので、吾郎さんはまず羊羹色の建物のほうへと走った。

あっ、見つけた！

アパートと塀のあいだにある細い通路に、すぅっと入っていく後ろ姿が見えた。お祖母さんと一緒に暮らしていた従兄だった。

「おにいちゃん、見えたよ」

かくれんぼなので見つけたと伝えれば終わりである。

絶対に聞こえるくらいの声で伝えたはずなのに、従兄はそのまま通路に入っていってしまい、アパートの裏に隠れてしまった。

そこは何度か入ったことがあるが、日が当たらないために暗くて湿気《しっけ》ている。怖がりの吾郎さんに入っていく勇気はなかった。

「ねぇ、見えたよ、おにいちゃん、ズルいよ、見えたよ」

出てくる様子がまったくない。

どうしようもなくって、吾郎さんは泣き出してしまった。

どうしたの、と他の親戚の子たちが出てきてくれたので従兄のこと伝えると、ズルはよくないぜと、みんなで一緒に行ってくれることになった。

四人で細く湿った通路へ入っていくと、塀とアパートの壁に狭まれた暗い隙間に従兄がぼんやりとした表情で立っていた。

呼びかけても返事もせず、眠そうな目でアパートを見上げている。

親戚の子が怒り気味に「おいっ」と肩を押すと、従兄はハッとした顔になって、ようやくみんなに目を向けた。

呼んでるのにどうして出てこないんだとみんなから責められているのに、従兄はまだどこかボォーッとしていて、アパートの上階に視線を逃がしている。

聞いてるのかよと親戚の子たちが苛立ちを露《あら》わにすると、ようやく従兄は口を開いた。

「おばあちゃんがさぁ」

中学はここに行きなさい、高校はあそこに行きなさいと、今後の進路についてお祖母さんに言われていたのだという。

それだけなら誰も信じず、ズルをした従兄を糾弾し続けただろう。

日の当たる場所へ引きずり出された従兄は、どこで拾ったのか、割れたプラスチック片の尖った部分で、腕にお祖母さんの言葉のメモをとっていた。

肌に深く刻まれた赤色の文字は誰も読めなかったが、従兄はまったく痛がる様子もなく、腕に書かれた自身の進路をみんなに見せつけるように、いつまでも、いつまでも、掲げていたという。

ブラックリスト

一般的に「ブラックリストに載る」というのは、《金に関する信用がない》という情報が登録されてしまうということなので、当然、ローンなどは組めなくなる。

家も車もたいていの人はローンで購入するから、ブラックリスト入りになってしまうということは人生設計が大きく狂ってしまうということだ。

古手川《ふるてがわ》さんは本職の傍《かたわ》ら、ブラックリストから名前を消すというお仕事をされている。

わりと知られていないのが、ブラックリストに時効があることで、たいていは五年で消すことができるという。

リストからネガティブな情報を消去後、再びローンを組める状態にし、いくらか手数料《マージン》を頂くというのが古手川さんの仕事なのである。

とくに多いのはホストだという。

すべてのホストが華々しい暮らしを送れるわけでは当然なく、むしろ厳しい業界なので、借金を焦げ付かせてリスト入りしている人はひじょうに多い。

古手川さんは付き合いのあるホストクラブのオーナーに協力してもらい、ホストたちを集めてブラックリストから名前を消したいと希望する者を探すことから始める。

はじめは本当にそんなことができるのかと訝《いぶか》しむが、前述したことを説明すると、ほとんどの人は前向きな思考になるという。

「もし本当なら、お願いしたいなぁ」

この日、いちばんに手を挙げたのは拳夜《けんや》だった。

ナンバー3とナンバー5のあいだを行き来している彼は、中性的な雰囲気のある、なかなかの色男だった。

他にも数人が挙手したが、まず各々の状況を確認する必要があるので、数日後に改めて連絡をするということになった。

その結果、時効など、いくつかの条件が整っていたのは拳夜のみだった。

手続きや今後のことを打ち合わせるため、二人で何度か会っていると、拳夜という人間のことがいろいろとわかってくる。

人なつこく、よく喋る男で、その点ではホストという仕事が合っているように見えた。

彼にそう伝えると気をよくしたのか、ずっとナンバー1だったんですと自慢をこぼした。前はもっとイイ顔だったのに、酒と寝不足で浮腫《むく》んでから不細工になって人気が下がったんですと照れ笑いを浮かべていた。

「なにいってんの、君、ぜんぜん不細工じゃないよ」

「いえ、もっとイイ顔してたんですよ。ほら」

画像を見せてもらうと、確かに別人かというくらい前の顔のほうがきれいだった。

その「イイ顔」だったイケイケの時の話を聞いていると、ナンバー1の頃は金遣いと女遊びが異常なくらい派手で、とくに女性の扱いはひどいものだった。

「これでも反省してるんですよ」

詳細は書けないが、かなりの数の女性が彼によって人生を狂わせていることがわかる。彼の『反省』だけでは到底済まされないようなこともしていた。

今まで女の人にしてきた悪いことが祟って不細工になったんですよと、彼は見当違いなことで嘆いた。

「それより、おれのブラックリスト、ほんとに消せるんですよね？　消せると嬉しいなぁ。このままじゃダメだもんなあ」

彼なりに将来の人生設計があるのか、何度も同じことを確認してきた。

「女性にしてきた罪《ブラック》は消せないが、金のほうの事故情報《ブラック》は確実に消せるよ」

古手川さんの言葉に拳夜は、居心地の悪そうな笑みを浮かべていた。


その後、無事にブラックリストから拳夜の名前を消すことができた。

よほど嬉しかったのだろう。それ以来、彼はすっかり古手川さんになついてしまい、よく飲みの誘いの電話をかけてきた。

はじめの一、二回は付き合っていたが、だんだん他で進めている仕事のほうも忙しくなり、誘いを断っているうちに連絡もこなくなった。

半年ほど経った頃、見知らぬ番号から電話がかかってきた。

拳夜だった。

彼はあれからホストを辞めて、別の仕事をしているという。

おお、いいじゃないかと言祝《ことほ》ぐと、よければ近いうちに会いませんかと誘われた。

翌日、都内のバーで会うことになった。


「お久しぶりです」

声をかけられて、初めて拳夜だとわかった。

半年ぶりにあった彼は、まるで別人だったのだ。

不揃いな二重《ふたえ》、アンバランスな厚い唇、尖った顎《あご》。

「顔、いじったのか？」

整形で失敗したような、ひどい顔だった。あの中性的なマスクは見る影もなかった。

「いやいや、そんなことはしてません、してません」

これもまた、酒や寝不足からくる浮腫みなのだという。

浮腫んだだけで、ここまで人の顔が変わるものだろうか。なにか悪い病気なのではないかと心配になった。

顔は変わり果てたが中身は以前の拳夜で、人なつこい性格は変わらなかった。古手川さんは高校時代の部活の後輩と話しているような懐かしい気持ちになっていた。

仕事はなにをしているのかと聞くと、言いづらそうなのでそれ以上は聞かなかった。

バーを出ると、家が近いので少し寄っていきませんかという。

どんな生活をしているか見てみたい気にもなり、繁華街からタクシーでワンメーターのところにあるマンションへ向かった。

なかなかきれいに片付いている部屋だった。

洗って乾かされている食器、脱衣所に干された洗濯物、キッチンにきれいに並べられた調味料、トイレットペーパーホルダーのカバー。部屋の端々に女性の匂いをうかがわせる光景がある。

今度は何人の女をだまくらかしてるんだとイジワルな質問をすると、ホストを辞めてから女性とは一人も交際していないと真顔でいう。

嘘はいっていないようだ。

仕事のことを聞くと口ごもるので、てっきりヒモにでもなっているかと思っていたから意外だった。

飲み直し、若者の夢や悩みや愚痴を聞いていると気がつけばいい時間になっている。

カプセルホテルに泊まるよと立ち上がると、うちに泊まっていってくださいよと布団を敷き始める。

今夜は彼の厚意に甘えることにした。


シャワーを借りていると、長い黒髪が落ちているのに目が留まった。

拳夜のものではない。

商売女でも呼んだのかな。

見なかったことにし、バスルームを出ると部屋が暗かった。

奥のほうで小さなフロアスタンドがオレンジ色の明かりを灯している。

拳夜はテーブルの上の鏡を覗き込むように見ていて、古手川さんに気づくと振り向き、「タオル、あるところわかりました？」と、女性の声で聞いてきた。

古手川さんはろくに身体も拭かず、掴んだ服を適当に羽織《はお》るとマンションを飛び出した。

自宅に向かうタクシーの車内で拳夜から何度も電話がかかってきたが無視し続けた。

拳夜が振り向いた時。

彼のそばに上半身だけの裸体の女が三人も現れ、古手川さんへ同時に顔を向けたのだ。

どの顔も、相手を許さない表情をしていた。

あの女性たちと拳夜がどういう関係か、考えるまでもなかった。

死ぬまで時効のないブラックリストに刻まれた彼の人生は、もう取り戻しがきかないのだと知った。

幽体離脱

恵《めぐみ》さんの小学生時代の同級生に晶子《しょうこ》という不思議な子がいた。

あまり恵まれていない家庭環境に育った彼女は、いつも同じ服を着ていたうえに、ほとんど風呂にも入っていないらしく、いつでもちょっと臭っていた。

イジメにまで発展こそしなかったが、彼女の遊び相手や話し相手になる子もなく、優等生グループはとくに不衛生な彼女を避けたがる傾向にあった。

そんな中、女子の中立グループが、晶子も自分たちの仲間に入れてあげようということになった。

そのグループには恵さんもいた。

彼女たちは積極的に晶子に話しかけたが、これが話してみると、なかなかおもしろい性格をしており、いろいろな意味で得難いものを持っている女の子であった。

意外に人なつこく、思っていたよりも性格は明るくて、なんにでも詳しい。

勉強はできないが興味がないだけで、やればできる子だとわかる。だから、変な知識だけは誰よりもあって、恵さんたちをいつも未知の知識や体験へと導いてくれる。汚れることを気にせず、どんな場所でも入り込んでいって毛虫、セミ、ミミズといった気持ちの悪い生き物にも果敢に向かっていく。女の子というより、ヤンチャな男の子と遊んでいるみたいだったという。

なぜ、そういう流れになったかはわからないが、ある日、彼女が学校の休み時間に突然、奇妙なことをいいだした。

「幽体離脱するわ」

当時はクラスで怖い漫画の貸し借りが流行っていた。何組の○○さんが幽霊を見たらしい、何階のトイレに花子さんがいるらしいといったホラー寄りの噂話を、みんなが喜んで交わしていた時代であった。だから、幽体離脱がどういうことをするものなのか、恵さんたちもわかっていたが、そういうものを遊びに組み込むなんて発想はなかった。

「じゃ、ちょっと出てくから、身体、見張っといてな」

晶子は廊下の壁にもたれて座ると、カクンと頭《こうべ》を前に垂れた。
彼女の幽体がそのあたりを散歩しているあいだ、恵さんたちは空っぽの身体を守っていなければならなかった。
二、三分ほど見守っていると、晶子はぴょこんと顔を跳ね上げ、今どのあたりを散歩してきたよと報告する。そこに誰がいて、なにをしていたかまで声を弾ませて語っていた。
これは本物の幽体離脱などではなく、「ふり」であることはみんなもわかっていた。幽体散歩の様子を語る晶子は本当に楽しそうだったから、みんなは彼女の不思議な世界観に付き合ってあげていたのだ。

恵さんは風邪で学校を休んだ。
三日後、完治して登校すると晶子の様子がいつもと違うことに気がついた。
おはようと挨拶しても、きょとんとした表情を返される。
休み時間に話しかけても会話が噛み合わない。
いつも興味や好奇心できらきらしていた彼女の目が、眠たそうに曇っていた。

自分が風邪で休んでいるあいだに、よほど不機嫌になるようなことが彼女の身に起きたのかと他の友達に聞いてみた。

すると、みんな言いづらそうに重たい口を開いた。

恵さんが休んでいるあいだ、例の幽体離脱ごっこをやったのだという。

晶子がおかしくなったのは、その直後からであった。

「見てていうから見てたんやけどな」

「ウソやん、見てなかったやんか」

「はぁ？　見てたし。そっちこそ、よそ見ばっかしてたやん」

友達同士のやりとりを見ていると、晶子の幽体が散歩しているあいだ、誰も彼女の身体を見守っていなかったことがわかる。

晶子が不機嫌になってしまった理由はこれだろう。

それくらいのことなら、そのうち仲直りできるだろうと楽観していた。

晶子はまるで人が変わったように性格が暗くなった。

話しかけても目も合わせてこず、言葉も返さない。

授業中にふと視線を感じて目を向けると、恵さんのことを虚《うつ》ろな瞳で凝視している。人なつこくて、おもしろく、博識な晶子はどこかへ行ってしまったのだ。

その後、晶子のお姉さんが亡くなり、なんらかの事情で彼女は転校していった。結局、最後まで晶子との関係は修復できず、お別れの言葉も交わしていない。

担任の先生が思い出にと晶子を真ん中にクラス全員で写真を撮った。欲しい生徒にだけ現像して配られたが、欲しがる生徒はほとんどいなかった。

写真で見る晶子の顔は発光しているように写っており、なぜかひどく驚いたように目も口も大きく開いていた。なにより、そこにある顔は晶子らしさの欠片《かけら》もなかった。

写真は彼女の引っ越し先へも送ったそうだが、親はあの写真を見て、どれが自分の娘なのかもわからず、困惑したのではないかと恵さんはいう。

明治

北尾さんは、見える人である。

このたびうかがった話は見えるようになる以前の体験だといい、そういう感覚が身につく切っ掛けだったかもしれないという。


以前に飲食店を経営していた北尾さんは、開店二年目で早くも経営が傾いてしまい、毎日が気の滅入《めい》る計算ばかりで精神的にまいっていた。

「経費削減でバイトも減らすしかなくて、その分、自分が動いていたんですが、もうそれも限界だったんです」

ある晩、心身共に疲れた状態で自宅のパソコンの前にいた北尾さんは、昔からの友人に向けて、「もう疲れた」「死にたい」といったネガティブな内容のメールを書いては消し、書いては消しを繰り返していた。

どれくらいそうしていたのか、急な眠気に襲われ、頭痛と耳鳴りがしだした。

頭痛薬を飲んでメールの続きを書いていると、うつらうつらとしだし、ハッと気がつくとパソコンの画面が暗くなってスリープ状態になっている。

時計を見ると薬を飲んだ時間からほとんど経っていない。二、三分ほど眠っていたようだ。

メールを送ったら今日はもう寝るかと画面に目を戻す。

パソコンのモニターの真ん中にヒビが入っている。

「え?」と声をあげた瞬間にヒビは消えていたが、北尾さんはもう一度「えっ」と声を漏らした。

暗い画面に映り込む自分の顔が、満面の笑みを浮かべていた。

よく見ようと顔を近づけた時、机を膝で蹴りあげてしまい、マウスが動いたためか、ウィーンと起動音が鳴ってスリープ状態が解除される。

後ろを振り返っても仮眠用のベッドと壁に貼られた外国人バンドのポスターしかない。ポスターの顔が映り込んだとは考えられなかった。表情も違う。

疲れきった自分の顔とは正反対の、皮肉なほどに幸せそうな表情だった。久しく、あんな表情はしていないのではないだろうか。

きっと疲労と寝不足で半分寝ぼけていたんだろうと無理やり自分を納得させる。

メールの続きを書いてしまおうとパソコンに目を戻すと、今度はデスクトップの状態がおかしい。

通常は画面の半分くらいまでアイコンで埋まっているのに、その半分ほどしか並んでいない。先ほど書いている途中だったメールソフトも開かれていなかった。

マウスを動かしてもカーソルが動かず、どうやらスリープが解除される途中でフリーズしてしまっているらしかった。

強制終了しかないかと溜め息をつくと、あれ、と画面に再び目を戻す。

作った覚えのないフォルダがある。

『明治』と書かれているが、そんな名前を入れた記憶はない。

フリーズで文字化けしてしまったのかもしれない。

中のデータが壊れてはいないだろうかとゾッとしつつ強制終了し、再起動させた。

幸い、デスクトップはもとの状態に戻ったが、『明治』と名がついたフォルダは残っている。

どこかでダウンロードしたものかと開いてみたが、中身は空っぽ。大事なデータがフォルダごと書き換えられてはいまいかと確認もしてみたが、消えてしまったファイルはないようだった。

なんなんだ、今夜は。

先ほどの顔といい、どうも妙なことばかりだ。

書いていた内容がいけなかったのかなとメールを送るのを断念すると、携帯電話が鳴った。先ほど、メールを送ろうとしていた友人からだった。

「なんだよ、脅かすなよ」

『おまえ、今どこなんだよ！』

家だよと答えると、なにしてんだ、妙なこと考えるなよ、とうるさい。

『今からそっちへ行くから！　な⁉』

ちょっと待ってくれとなり、いったん冷静になってもらってから、改めて何事かと訊ねると、北尾さんのメールを読んで慌てて電話をかけたのだという。

――うわっ、寝ぼけて途中で送ったんだ。

メールの中身は自殺をほのめかすようなネガティブな内容だった。

ただ、それは今の苦しい心境を伝えたかっただけで本気で死ぬつもりなどなく、最後は無理にでも前向きな言葉で締めくくるつもりだった。大事な部分が書かれないまま届いてしまい、それを読んだ友人は慌てたんだろう。

送信済みのメールを確認すると——ああ、やはり送っている。

ちゃんと釈明しないとなと送ったメールを開いた北尾さんは、しばらく画面に釘付けになった。

『つらい』

まったく書いた覚えのない一文だった。

もっとたくさん愚痴や悩みを書いたうえで「死にたい」とは書いたが、それはすべて消えてしまっている。

「あの満面の笑みを浮かべる自分といい、誰からのメッセージなのかってしばらく考えました」

この数日後、北尾さんは初めて霊のようなものを目にする。
その話はまた別の機会に書かせていただこう。

問題のメールだが、北尾さん自身が書いたものだと、わたしは思っている。話をうかがっているあいだも彼は、あまり脈絡もなく「つらい」という言葉をたびたび口にしていたのだ。ご自身でも自覚のない口癖なのだろう。
メールの話がメインになってそれほど重要視されていなかったが、わたしは『明治』のフォルダの意味するものがなんなのか、そちらの方が気になって仕方がなかった。

舐め舞い

清香《きよか》さんにはエッチンという大親友がいる。

幼稚園のころから高校までずっと一緒で、社会人になってからは、より親密度が高まった。

家族よりも一緒にいる時間は長く、清香さんにとって家族以上に大切な存在なのだという。

小柄なぽっちゃりタイプの子で、性格は明るくて面白く、人を元気に笑わせてくれる。

びっくりするくらい男の子にはモテるのだが、二十七歳になった現在まで彼氏を作ったことがない。男のペースに合わせるのが面倒くさいという理由らしい。

そんなエッチンは月に何度か、清香さんが一人で暮らしているマンションへ泊まりに来る。お決まりのパターンは土曜日の夜に泊まりに来て、ＤＶＤを観たり、世間話をしたり、ゲームをしたり、二人でダラダラと過ごして日曜の昼頃に帰るというのを中学生ぐらいから続けている。

清香さんはそろそろ、この関係をやめた方がいいのではと思い始めている。

昨年末の土曜日、いつもの時間にピンポンと来たので迎え入れると、エッチンからとても良い香りがしていた。

「香水変えたん？」

「え？　なんもつけてへんよ」

「そうなん？　なんやろ」

甘ったるさが少し強いけれど、好きな匂いだった。

シャンプーでも変えたんかなと、この時はその程度の匂いだったが、一時間、二時間と経っていくと匂いがどんどん強くなっていき、だんだん頭が痛くなってきた。

「エッチン、ほんまに香水つけてへん？」

「つけてへんて。まだなんか匂うん？」

エッチンはくんくんと鼻を鳴らして匂いを探している。

彼女には、この匂いがわからないようだった。

自分の鼻がおかしいのかと心配になった清香さんは、洗面所で顔を洗ったり鼻をかんだりしてみたが、匂いはなくなるどころかさっきよりも強くなっている。

船酔いみたいにくらくらとしてきたので、少し横にならせてもらうとエッチンは優しく頭や背中を撫でてくれる。それが心地よくて、いつの間にか眠りについてしまった。


耳がくすぐったくて目を覚ました。

部屋の電気が消えている。

温かい舌が、清香さんの耳の形や窪みをなぞるように舐めている。実家の飼い犬がこんなふうに舐めてくるが、水槽のブラックライトが壁を青く染めているのを見て、ここが実家ではないと気づいて慌てて起き上がろうとした。

身体が動かない。

この時、金縛りに遭っているという状況は清香さんにとって、それほど重要ではなかった。

そんなことよりも、動けないのをいいことに耳を好き放題に舐めてくる舌のくすぐったさと生温かい吐息のほうが問題だった。

この部屋には自分の他にエッチンしかいないのだ。

とうとう、恐れていたことが起きてしまった。

二年ほど前から、清香さんは心配していたことがあった。

エッチンは男と付き合うのが面倒くさいのではなく、男を好きになれないのではないか。そして、そういう感情を自分に向ける日が、いつか来るのではないか。

困ったことに、この状況が決して不快ではなく、流れに飲まれてもいいと感じている自分もいる。

エッチンは大好きだが、そういう関係で好きでいたくはなかった。

——やめて、エッチン、だめだよ、こんなこと。

そういいたくても声が出ない。

鼓膜《こまく》をくすぐる、唾《つば》がねとつくような淫靡《いんび》な音の隙間で、畳を足で擦るような音がしている。

足元のほうから聞こえるが、清香さんの家の床はフローリングである。

なんの音だろうと唯一動かせる目だけを巡らせるが、音は視界の外から聞こえている。

どうしても音の正体を知らねばならない気がして、せめて頭だけでも起こそうと頑張っていると、急に金縛りが解けた。

勢いがついてガバリと起きあがると、まず目に飛び込んできたのは人の首だった。

ぼさぼさに髪の乱れた男か女の首が、横向きに浮いている。

首の下から、一本だけのうどんみたいな白い紐が下がっている。

少し離れたところでは指らしき白いものが、おそらく親指から小指まで五本ずつ、一対浮かんでいて、舞踊をしているようにひらひらと同じ動きを繰り返していた。

指と首はセットらしく、手の動きに合わせるように首も向きを変えている。

清香さんが大声をあげると、勢いよく玄関のドアが開いてエッチンが飛びこんできた。

すぐに清香さんを抱き締めて、「どうしたの？　大丈夫？」と聞いてくる。

もう、首と両手は消えていた。

あの甘ったるい匂いも。

エッチンは歯ブラシを忘れてコンビニまで買いに出かけていたところだった。

耳を舐められて、金縛りで、身体のない人が踊っていたという、支離滅裂な事実をエッチンは信じてくれて、一緒に盛り塩を作って部屋の隅と玄関とベランダに置いた。

親友を疑ってしまったことは反省しているが、近い将来、二人がああいう関係になるぞといわれているような気がして、今はお泊りの回数を減らす努力をしているのだという。

天狗的現象

かなり前の話になるが、天狗《てんぐ》の怪談なるものを聞かせていただいたことがある。

何らかの媒体に書くつもりでメモを残してはあるのだが、ずっとお蔵入りであった。

理由は情報の欠落である。このネタが提供者本人の体験であったか、ご友人の体験であったか、あるいは学校の怪談や都市伝説のようなものであるのか、メモに記載がない。

いつ頃、どの地域で起きた話なのか、それも書かれていない。

欠落しているのは、話の冒頭に必要な情報ばかりなのである。

おそらく聞いてはいるのだが、どういう理由があってか書き残していないのだ。

提供者に確認をしたくとも、それももうできない。お名前と連絡先、取材日時のメモまでとれていなかった。

ありえない記載漏れの連続——そういう理由で収録を見送り続けたこの話を今回、

本書で収録する運びとなった理由は、「天狗」というキーワードを掲げて収録したかった他の話が取材できたことと、この「奇妙な欠落」を天狗的な現象とこじつけてみると、併せて収録する他の話の内容と微妙に繋がるものを感じたからである。

なにより、ずっとお蔵《フォルダ》の中で留守番をし続けているこの話が哀れで、なんとかしてあげたかったのだ。

一

ある中学の修学旅行で起きたとされる出来事である。

この日、生徒たちを乗せたバスはその地域でもっとも大きな山へと向かっていた。

ガイドの話によれば、この山の周辺では昔から天狗伝説が語られており、空を飛ぶ神秘的な人影が多くの住人に目撃されていたという。

「天狗って」

生徒たちの中から失笑が漏れる。

チュパカブラや宇宙人《グレイ》ならまだ信じられるが、今どき天狗を見たなんていっても誰も信じない。あれは昔話の中だけの存在だ。おまけに下駄《げた》に団扇《うちわ》に長い鼻と、恰好もダサすぎる。そういう理由からくる失笑だった。

辿り着いた宿泊先は、山裾の薄暗く寂しい場所にある陰気な佇まいのホテルであった。

バスから降りた生徒たちはこの異様な雰囲気に呑まれ、先刻までの明るい表情から一変、一様に曇っていった。

ホテルのフロントにも天狗の大面が飾られており、その異様に突き出た鼻と眼光鋭い鬼のような形相は、生徒たちをざわつかせた。

スタートから不穏な展開だったが、割り振られた部屋に入ると生徒たちは本来の明るさを取り戻し、さっそく各部屋では寝る位置をじゃんけんで決めたり、腹が減ったと騒いだり、思い出作りが始まっていた。

初日は緊張や移動の疲れが出たのか、予定していた夜更かしも決行できず、各部屋の生徒たちは消灯時間を守って眠りについた。

夜半過ぎ、ぼそぼそと聞こえてくる声で、一人の男子生徒が目を覚ました。

なんだろうと目をこすりながら顔を上げると、窓のそばに人影が立っている。

一瞬ギョッとしたが、すぐに同じ班の友達であることがわかった。

ぼそぼそと喋っているのは彼で、僅かに開いたカーテンの隙間から窓の外を覗き見ているようだった。

「なにしてんの?」

何度か声をかけても反応がないので、立ったまま寝ているのかと近づいてみた。

他の生徒も何人か起きだし、うるさいなぁと布団の中から文句を漏らしている。

「ねぇ、なにしてんのって」

肩に手を置いて顔を覗き込んだ。

窓際に立っていた生徒は黒目が上に寄ってしまって、窓なんて見ていなかった。強張った薄笑いを浮かべ、「みてる、みてる、みてる」と、うわ言のように呟いている。

ぼそぼそと聞こえていたのはこれだった。

口の端には唾が溜まっている。これは普通ではないと感じ、すぐにみんなを叩き起こした。

みんな、友達の異常な様子にすっかり眠気もとんで、幽霊でも見たように青褪《あおざ》めていた。

先生に報告しにいこうと話している時だった。

「あれ?」

窓際に立っていた生徒が急に正気を取り戻した。

「おい、大丈夫かよ……」

きょとんとした顔で「なにが?」と聞き返してくる。

「ずっと、変だったんだぞ」

「みてるみてるって、なにが見てたんだよ?」

「え、まってよ、みんな、なんの話してるの?」

本人はなにも知らなかった。

トイレに行きたくて目覚めたところまでの記憶はあるが、そこからは一切覚えていないのだという。

自身の奇行について問われても何一つ答えることができず、しばらくはみんなに担がれているのではないかと疑ってさえいた。

彼はなにを見ていたんだろうと、みんなで恐る恐る窓から外を見ると、暗い山林の影の上をぴょんぴょんと跳びはねる影があった。

人の影にも見えたが、だとすればそれは木よりも高く跳びはねることができる人であり、誰かが「天狗じゃないか」と声を震わせていたという。

二

昭和の終り頃のことである。

雪乃《ゆきの》さんは部活を終えて学校から帰宅するなり、母親から急ぎのおつかいを頼まれた。

知り合いの営む飲み屋まで瓶詰めの梅干しを届けにいってほしいという。

包んだビニール越しにもツンとする匂いを放つ瓶を自転車のカゴに入れ、山並みに陽が沈んでいく夕暮れの道を走った。

数十分後、用件を済ませた雪乃さんは同じ道を自宅方面へと向かっていた。

梅干しの酸っぱい匂いが髪や学生服に絡みついて取れない。こんな時に地元の友達に会ったら恥ずかしいな、お風呂に入ったらちゃんととれるかな、そんなことを考えながら自転車をこいでいると、視界の右側にスッとなにかが入ってきた。

それは雪乃さんの横にぴたりと並んでくっついて、同じ速度でついてくる。

なんだろう——イヤだな。

音がないので車やオートバイではない。自転車にしても静かだ。

気にはなるが、きっと見ないほうがいいに決まってる。

ついてくるものは雪乃さんのほうにじりじりと寄ってきて、彼女の耳元でくんくんと鼻を鳴らし、なにかを囁いた。

「えっ！」

囁かれた言葉に驚いて横を見ると、それは雪乃さんの目から逃げるように急に真上へと飛びあがった。

見上げると空にあるのは人のような影で、山影に溶け込んですぐに見えなくなった。

翼のようなものは見えなかった。

囁き声は人の言葉だったはずだが、聞いたそばから忘れてしまうような印象に残らない不思議な言葉で、自分がなにをいわれて驚いたかも覚えていなかったという。

三

これも昭和の頃である。

放課後、朝宮さんが中学校の校庭で同級生たちとサッカーをしていると、別のクラスの生徒がやってきて、面白いことになっているぞと教えてくれた。

神社の鳥居に人が立っているという。

さっそく学校の近くにある神社へみんなでいってみると、すでに小さな人だかりができている。

確かに鳥居の上に人が立っている。

これが小学生の子供であれば、ここまでの騒ぎにはならず、大人が叱りつけて終わっていただろうが、鳥居の上に立っているのはスーツを着た大人の男性である。

自殺するには高さが足りないが、落ちて打ちどころが悪ければ命を落としかねない。

大人たちは「落ち着け」「話を聞こう」と一応、下りるように説得している。

当の本人は表情に深刻さの欠片もなく、怖くないのか足場の狭い鳥居の上をなにも掴まずに二本の脚だけで立っている。

朝宮さんは最後まで見届けていないが、聞くところ寄るとスーツの男性は急に我に返って、みんなに下ろしてもらったのだという。

本人は二駅離れた会社から駅に向かっていたところまでしか記憶がなく、どうしてあんなところに上ったのか、どうやって来たのかもわからず、はじめは自分の名前も言えなかったそうだ。

幸せな家族

三年前の夏、樋田《ひだ》さんは地元の男友達と八人で南関東のキャンプ場へ行った。

ほぼ毎年キャンプへは行っているが、この時期はどこもすぐに予約がいっぱいになるため、良い場所をとれるかは運であった。中には管理人不在で設備はボロくて最悪、水道から温《ぬる》い黄土色の水しか出ないような所もあるので、この夏を棒に振るまいと友人たちのスケジュールが把握でき次第、人気のキャンプ場にネットで予約を入れたという。

だが着いてみれば、自分たちの他に利用客は二グループしかいなかった。

珍しいこともあるものだと思ったが、急なキャンセルが続いたんだろうなと深くは考えなかったという。

昼はバーベキューだった。樋田さんが炊事場で野菜を洗っていると、後ろから弾けるような子供の笑い声がキャッキャと近づいてきた。

水を使いたいのかなと端《はし》に寄ってあげるが、キャッキャという笑い声は樋田さんの背後にぴたりと張りついたまま動かない。

使わないのかなと振り返ると、もういない。

他の二グループも昼食の準備で水汲みやグリルの運び出しを始めている。どちらも樋田さんたちと歳の近そうな若い人たちのグループで、パッと見、子供の姿はなかった。

まあ、川もあるし、近所の子が遊びに来るんだろうな。

これから晴天の真下でバーベキューである。

薄暗い想像をするほうが難しかった。


日中に燥《はしゃ》いだからか、夕食後には疲労がドッと出てしまった。

コテージの中で各々が好きな場所で寝転がっていると、誰からともなく鼾《いびき》が一つ、二つと聞こえだし、樋田さんもいつの間にか眠っていた。

蒸されるような暑さで目が覚めたのは、午前一時をまわった頃。

みんなはゴォゴォと汚《きたな》い鼾をかいて汗だくで眠っている。

喉が渇いたので一緒に自販機へ行くツレを起こそうと傍にある尻を足で揺するが、起きやしない。

しゃーない、一人で行くかと寝ている仲間を跨《また》いで外へ出ると月がぽっかり出ていた。

キャンプ場の入口のところに自販機の明かりが見える。その明かりを目指して緩やかな坂道を上がっていると、途中の駐車場にぼんやりとした明かりがある。

子連れの家族がいる。

――こんな夜中に到着かよ。

見ると車のそばにカマボコテントが張られている。

父親はシュラフのような荷物を両手で抱え、ノッシノッシと運んでいる。

母親は指を指揮棒のように振っていて、その前で小さな女の子二人が踊っていた。

その子供たちの動きがこれまで見たことのないような、型にはまらない自由な踊りで面白い。

予約をしたはいいが、なにかの事情で到着が深夜になってしまい、手続きが間に合わなかったのだろう。

なにもこんな時間に駐車場でテントを張らずとも、明日、出直せばいいのに。駐車場でキャンプはさすがに子供たちも可哀想だ。なんなら、今から仲間たちを叩き起こして、この家族にコテージを使ってもらったっていい。

「こんばんはー」

樋田さんが声をかけると、四人の家族が一斉に樋田さんに顔を向けた。

いや、五人だった。

父親の担いでいる〝シュラフ〟に見えたものも樋田さんに顔を向けていた。

みんな、幸せそうな表情だった。

その状態で静止画像のようにみんなの動きが止まる。

家族の幸せそうな光景は、まるで画像が縮小するように夜空の中へ遠のいていき、やがて見えなくなってしまった。

そこには数本の街路灯がスポットを当てる駐車場があるだけで、怖さよりも寂しさに胸を貫かれた樋田さんは、ジュースを買わずにコテージへと戻った。

翌朝、朝食の準備中に挨拶に来たキャンプの管理人に昨晩の家族のことを話してみた。

幽霊なんて一度も見たことがないし、この辺でそういう噂も聞いたことがないねぇと、管理人は笑ったが、幽霊じゃないけど、かわいそうな家族なら見たことがあるよという。
四、五年前に近くの道路で、大型トラックが引き起こした玉突き事故があった。たまたま現場の横を車で通ったが、ぺしゃんこのワゴンに載っていた家族の全員が亡くなったようで、幼い娘が半潰れで路肩に投げ出されているような凄惨な現場だったそうだ。

笑えない笑い

もう何年も笑っていない気がすると重森さんはいう。

楽しいことがないわけではないらしい。

人並みに友達と飲みに行ったりバカ話をしたりすると笑うこともできるが、それは心の底から込みあげる笑いなどではなく、笑っている声や顔を作っているだけだという。

重森さんには自分が笑えなくなった要因かもしれない出来事があるという。

六、七年前のことである。
その日、重森さんの自宅に、前に勤めていた会社の先輩が久しぶりに訪ねてきた。

株をやろうと思ってるんだ、先輩は得意げにいった。

友人がやり始めたので、自分も興味を持ったらしい。

それから熱心に株について話してくれたが、投資とかトレードとかいわれても重森さんには死ぬほど退屈な話なので、聞いていてもまったく前のめりになれないし、頭に入ってこなかった。

理解できたのは、先輩は付け焼刃の知識でやろうとしており、失敗するのは目に見えているということだ。

覚えたての株の専門用語を繰り返し使ってくる先輩の長話は一時間も続き、まだ終わる気配がない。

相槌を打つのがやっとで、どんどん眠くなっていく。何度も欠伸《あくび》を噛み殺し、涙目を見られないように誤魔化していた。

ひゃっはっは、いっひっひ。

バカにしたような笑い声が聞こえた。

重森さんは驚いて一瞬で眠気がとんだ。

先輩も驚いた表情できょろきょろと部屋の中を見まわしている。

重森さんはテーブルを挟んで先輩と向かい合う位置で話を聞いていたが、笑い声は二人のあいだ、至近距離で聞こえたのだ。

「今の、おまえの声だったよな」

先輩に言われたが、自分もそう聞こえた。とても似ていたのだ。会話の流れに笑うところなどないし、笑った覚えもない。先輩もそれまで重森さんの顔をじっと見つめながら話していたので、彼の声ではないとわかっていた。

しばらく腕を組んで考え込んだ先輩は、そういうことだな、と一人で納得した。

「こういうのをよくない兆《きざ》しっていうのかもな。よし、わかった。受け取った」

笑い声を凶兆と捉えた先輩は、殊勝なことに無謀な挑戦を止めるとその場で断言した。

その後、先輩は結局、株に手を出し、とんでもない額の損失を出したという暗い報告をしてきた後、連絡が取れなくなった。

最後にもらった電話の様子から、自ら命を絶っている可能性もあるという。

思えば、あの時から笑えていない気がするというのだ。

家に拒絶される

住む場所の引きの悪い人がいる。

私の知人にも引っ越す先々でロクな目に遭わない人物がいて、後に調べてみると以前に人が変死している部屋であるとか、暴力団関係者の遺体を隠していたマンションであるとか、上の階の部屋で監禁殺人が起きていた部屋であるとか、挙げればキリがない。

彼の場合は仕事の都合上、日本の治安の悪い町ベストファイブの中から引っ越し先を選ばないといけないので物騒な案件が連続するのは仕方がないのだが、ただただ安寧の日々を求め、心のオアシスとなる場所をと切に望みながら選んでいるだけなのに、かわいそうなくらい報われない人もいるのである。

椎野《しいの》さんもそういう人だった。

「家に嫌われるんです」

椎野さんが住もうとすると、家がなんらかの拒絶反応を見せるという。

自殺があった、殺人が起きた、もはやそんな瑕疵《こと》は関係ないらしい。

椎野さんの場合、そこに不幸・災い・因縁の根が一筋もなくとも、住むことはおろか、踏み込むことも許されないのである。

はじめは住んでいる家やその周辺で悪いことが続き、そこに住み続けることが難しくなった。心機一転引っ越しでもと新しいところへ行くと、そこでも悪いことが続く。はじめの頃は土地や住居のせいにしていたが、あまりにも行く先々で入居を妨害されるので、よほど自分の巡り合わせが悪いか、自分自身に問題があるのではと考えた。

決定的であったのは連続で騒音問題に巻き込まれた時だ。

夜中に大きな異音が鳴ると問題になったことがあるのだが、管理会社に苦情を通報した世帯は皆、椎野さんの部屋から音がしたと伝えた。もちろん、濡れ衣である。同様のトラブルが転居のたびに起きたので、ようやく自分は住む場所から拒まれているのだと自覚したのである。

一時はどこにもいけなくなって住むところがなくなり、ネットカフェやカプセルホテルを転々としていたのだが、金がなくてどうしようもない時は二十四時間営業のファミレスをドリンクバー一杯で利用する。野宿をしたこともあるそうだ。

不動産屋と物件まわりをすると、いかに自分がその家や土地に拒まれているかが、よくわかるのだそうだ。

例をいくつか挙げていくと——。

あるコーポに内覧に行った時のこと。玄関で靴を脱ぐ前に、子供の声で「ヤダ」と聞こえる。

無視して入っていき、不動産屋の説明を聞いていると鼻から大量の血が出る。

この時点で歓迎されていないことはわかる。

トイレを見せてもらうと、不動産屋の人が「あっ」慌てた様子で水を流す。便器にどす黒いものが溜まっていたのである。

部屋のほうを見せてもらうと爆発したみたいな髪の子供が充血した目をぐりぐりと擦《こす》りながら椎野さんを睨んでいる。その後すぐにパシッと音がして携帯電話の画面が割れて使い物にならなくなっている。

次に内覧に行ったアパートは、建物の外観が大きな犬の腐りかけの死骸に見え、尻込みしていると通りすがりのホームレスに指をさされて狂ったように笑われる。

新築のワンルームを狙っていっても無駄だった。

真っ白な壁にぼろぼろの両手がしがみついている。ベランダに自分にしか見えないおばさんが立っている。クローゼットの奥に人の足だけが横たわって身じろぎしている。

靴を脱いで入った瞬間に服の首元から冷たい手が中に滑り込んできて、爪痕のような赤い筋を身体につけられたこともあった。


おわかりのように、椎野さんは見えてしまう人でもある。

だから、拒絶は直接的（といっていいのか）な霊障という形で示される場合が多い。

古い建物であるとか、瑕疵物件であるならまだわかりやすいのだが、建ったばかりの真《ま》っ新《さら》な物件にまで嫌われては、どこにも住むことなどできない。

すでに人が住んでいる家でも同じであるという。

まず、実家に戻れない。

両親は息子がそういう体質であることを知らないので、納屋《ものおき》が小火《ぼや》で焼け、遊びに来た従弟が腕を骨折し、倒木で二階の窓が割られ、近所の外国人夫婦の差し入れで家族がプチ食中毒になるなど悪いことが起きても、それらが、息子が帰省したからだと気づかない。

椎野さんは家族に迷惑をかけたくないので、最近では年末に帰ってこいと言われても理由をつけて引き延ばしているという。

友達の家にも行けない。

元・同級生に呼ばれて鍋パーティーに参加した時、天井からザラザラに皮膚の削れた黄色い片足がぶらりと下がってきて、それが鍋の中に浸かったり出たりを繰り返しているので、見ていて辛くなって鍋の中に吐いたというトラウマがあるという。

そもそも椎野さんのことをよく知る人は彼を自宅へ招こうなどとは思わない。

自分も確実に嫌な体験をするのがわかっているからである。

見えない人、とくに否定派の人からすれば、椎野さんはただの目立ちたがり屋であり、嘘つきになってしまう。だから急に吐いたり、鼻血を出したり、怪我をしたりまでされると、そこまでして目立ちたいのかと引かれるのだそうだ。

そんなこんなで椎野さんの人間関係はズタボロだという。

こんな目にばかり遭っているからといってメンタルが強くなるということもなく、椎野さんはたびたび胃潰瘍を併発させている。

人間関係が怖くなっても、落ち着いて引きこもれる場所もない。

なぜ、ここまで家というものに拒まれるのか、本人がいちばん知りたいそうだ。


その椎野さんが今年の初め、引っ越しをした。

聞くところによると、今のところ生活は順調とのこと。

詳細はもちろん伏せるが、東海道沿いにある知る人ぞ知る〝出る〟スポットの近くにあるマンションである。

彼の勤める支援施設が近くにあり、その施設も含めてこの地域にはたくさん〝いる〟。

これまで行ったことのあるどの地域とも比べ物にならないくらい、ダントツであるという。

「不謹慎な説明になる」というので詳しく聞けなかったが、見た目がひどい状態のものたちがあちこちを練り歩いているそうだ。

そのような口にするのも憚《はばか》るようなものがたくさんいる土地で、どうして正常な生活を彼が送れているのか。

理由は簡単である。

拒絶をされないのである。

今、住んでいるマンションは、彼が契約を進めるかどうかという段階で、とある理由により最初に設定されていた家賃より格段に安くなった。また、住み始めてからというもの、以前から悩みであった不眠が解消され、胃潰瘍は再発しない期間が最高記録を更新中である。

家にも〝なにか〟はいるらしいのだが、〝いる〟のに〝いない〟風《ふう》を装っているようで、彼の邪魔をしないような配慮さえうかがえるという。

この地域のあらゆる建物や土地が椎野さんを拒まない。

むしろ、迎え入れてくれている。

「土地を守っている神様が優しいのかもしれませんね。ただ」

正直なところをいうと、あまり迎え入れられすぎるのも怖いという。

日中でも人気《ひとけ》の少ないシャッター通りが近所にあるのだが、そこを歩いているだけで各戸から〝お招き〟がある。

文字通りの手招きであったり、そこの〝住人〟とおぼしきものに腕を引かれたり、または間接的に呼び込むなどして、建物の中へと誘ってくるのである。

最近、その〝お招き〟が大胆になっている気がし、どうしたものかと思考中であるそうだ。

いただきます

狭川《さがわ》さんは現在、夜勤がメインの仕事についている。

仕事は楽で残業もなく、給料も満足いく額を貰っているので最高の職場だという。

一つ難をいうならば、夜食を買いにコンビニへ行く時、ある道路を通らなくてはならないことである。

そこは舗装した時の消し忘れか、道の真ん中に赤いスプレーで「六号」と書かれている。だから狭川さんはこの道を六号道路と呼んでいる。

この道は深夜になると人通りも車通りもほとんどなくなり、耳が痛いくらい静かになる。

街路灯はあるのだが、せっかくの明かりも雑木林から迫り出す木々の枝葉が濾《こ》しとってしまうので、ひどく視界が暗かった。

なにも見えないほど真っ暗ということもないのだが、向こうから人が歩いて来てもなかなか気がつけないので、急に人の姿が目の前に現われて、お互いが悲鳴をあげるということもよくあるそうだ。

この六号道路には間違いなく、なにかがいたという。

というのも、以前までここを通る時に、よく奇妙な声を聞いていたからだ。

それは幼児の使う喃語《なんご》のような声で、はっきりとした言葉ではない。

イントネーションから「いただきます」といっているように聞こえる。

道路周辺には住宅らしき建物はなく、何年も前に看板を下ろしたスナックや弁当屋、古びれた神社、重機を何台も雑に突っ込んである空き地ぐらいしかない。

はじめは発情期の猫の声だろうと気にもとめなかったが、聞くたびに同じ声というのも妙に感じ、一度、妙だと感じると今度は不気味に聞こえてくる。

狭川さんは幽霊の類が苦手なので、極力この道路も通らないようにしているが、まったく通らないというわけにもいかない。

近くにスーパーも飲食店もないので、食料を調達するには六号道路を通ってコンビニへ行くしかなかった。

夏場は明るいうちにいって買い込んで冷蔵庫に入れておけばいいが、冬場はやはり温かいものが食べたい。職場にレンジはないので、コンビニで温めてもらうしかない。そういう理由もあって、声を聞くのは冬の真夜中が多かった。

一昨年の初雪がちらつくイブの夜のことだった。

かじかんだ手に息を吐きかけながら、コンビニへおでんを買いに六号道路を歩いていた。

いつもなら、またあの声を聞くのかと憂鬱な気持ちで歩いているのだが、この時の狭川さんは少しだけアルコールが入っていた。

世間の人々は飲んで騒いで、彼女や彼氏と楽しい時間を過ごしている頃である。独り身だって少しくらいは浮かれたい。どうせバレはしないのだからと、缶チューハイを一本だけ、景気づけに飲んでいたという。

酒の力で少々、気が大きくなっていたのだろう。

例の声が聞こえてくる場所が近づいてきたので、今夜はお株を奪ってやろうと考えた。

「いただきまーす！」

狭川さんの浮かれた声が六号道路に響きわたる。

その直後、両足をなにかに掴まれた。

サイレンの音を真似ているような甲高い声が、後ろからものすごい速さで近づいてくる。

ウワァッとその場に屈みこんだ狭川さんの頭上を、サイレンのような声が追い越していった。

恐る恐る自分の足を見ると、掴んでいるものはない。

足が動くことを確認した狭川さんは、わき目もふらず会社まで全力疾走した。


明け方に帰宅すると、ベッドの上に奇妙なものが置いてあった。

毛が生えたなにかが、捩《ね》じれていた。

小型犬か猫のようだったが、確認せずにコンビニ袋に放り込んでゴミの集積所に捨ててきたという。

それ以来、六号道路で声を聞かなかったが、代わりに事故が頻繁に起きるようになってしまった。

やってはならぬことをしたという自覚のある狭川さんは、今もまだ謝罪すべき相手を探しているという。

後悔

マリアさんの友人に、物への愛着が極端に薄いタテワキという女性がいる。

一緒に旅行へ行き、そこで陶芸体験をした後日。

マリアさんの家に、焼き上がった二人の陶芸品が届いたので次に会う時に持っていってあげると、「ありがとう」と受け取ってから最初に目についたゴミ箱へ、中身も見ずに放り込む。

なんで捨てるのかと聞くと「えー、だって置く場所がないし」と返ってくる。

二人の旅の思い出なのにと普通は絶句するところだが、マリアさんは落ち着いている。

まあ、タテワキならそうだよな、と苦笑したそうだ。

というのも、今に始まったことではなく、小さい頃から彼女はそういう性格なのだという。

例を挙げればキリがないが――図工で作った作品は持ち帰ったらすぐに捨ててしまうし、学校の卒業アルバムももう見ないからと漫画や小説のような理由で捨てる。鑑賞した映画のチケットの半券は必ず残しておくマリアさんだが、タテワキはパンフレットも一度読んだら処分してしまう。

一緒に撮った写真を現像してあげても、家に行った時に見せてというと掃除した時に一緒に捨ててしまったと平然とした顔でいってくる。

さすがにこの時はマリアさんも怒ったそうだが、自分がなぜ怒られているのかわからないといった表情で何度も首を傾げられたそうだ。

タテワキの場合、物への愛着が薄いのではなく、皆無なのだろう。

そんな彼女は祖母が亡くなった時に、形見として裁縫箱をもらっている。

マリアさんは物を見ていないが、黒ずんだ木の箱に紫陽花らしき花が彫られた古そうなもので、話を聞く限り、とても価値のある逸品に思えるのだが、そんな価値などタテワキの前では鼻糞同然で、例にもれず捨てていた。

わざわざ縫うより新しく買い替えた方が楽だし、箱が大きくて邪魔なのだという。

と、いつものタテワキ節で終わるはずだったが、この裁縫箱に関しては、はじめて彼女が後悔の言葉を口にしている。

『もうゴミって処理されちゃったかな』

ある晩、夜中に電話がかかって来てなにをいうかと思えば、捨てた裁縫箱を取り戻したいのだという。

親に話して激怒されたのだろう、いい薬だと心の中で笑っていたが、ずいぶん深刻な口調になってきたので、いつ捨てたのかと聞くと二ヵ月前だという。

もうないでしょ、と告げると、タテワキは電話口で泣き出してしまった。

どうしたのと訊ねると、

『あの中に魔除けが入ってたんだって……』

裁縫箱の中には祖母の作ったお守りが入っていたらしい。

中身も確認しないで捨てるからだよ、そう忠言すると彼女は声を震わせた。

『あれしかダメなのに、どうしよう、ヤバイ、ヤバイヨ』

号泣し始めたタテワキを落ち着かせようとしても聞く耳を持たず、彼女の母親が代わって、『ごめんなさい』と通話を切った。

それからしばらくタテワキとは連絡が取れず、久しぶりに会ったのは最後の電話から四ヵ月後だった。

タテワキは右目を失っていた。

周りには転んで目をぶつけたというが、きっと想像を絶する理由があるのだろうとマリアさんは疑っている。

爪の跡

俺の小さい頃《とき》の写真ってどこにあるのと大学生の息子に聞かれたので、田坂さんは自室の収納の奥から三冊のアルバムを持ってきて渡したのだという。

「なんだよ、珍しいな」

「いや、それがさ」と息子は暗然とした表情で理由を話す。

よく面倒をみてくれた中学時代の先生が最近になって入院したという連絡があり、聞けばもう長くはないようだという。

友だちと相談し合って、世話になったみんなで寄せ書きのようなものを書いて渡しに行こうということになったらしい。

その先生は田坂さんもよく知っている。一時、無気力から来る登校拒否になった息子と正面から向き合ってくれた、恩人のような人だった。

田坂さんの息子ともう一人が生徒たちを代表して渡しに行くことになって、先生の奥さんへ連絡を繋ぐと、「みなさんの小さい頃の写真が見たいといってました」と伝言をもらったのだという。

そういうことならいい写真を持っていきなさいと息子にいった。


後日、息子がアルバムを持って来て「聞いていい?」と半笑いで訊ねてきた。

アルバムを開いて、一枚の写真を指す。

ビニールプールに入っている幼い息子の写真。六歳の時のものだ。前に住んでいたアパートの庭で撮ったもので、息子はおちんちんを丸出しにしてはしゃいでいる。

「この子、誰かわかる?」と写真の右上の隅《すみ》を指す。

後ろにある塀の上から、写真の息子と同年齢くらいの女の子の顔がひょこっと覗いている。くせっ毛の強そうな髪の女の子で、くるんくるんの髪の毛の下には日に焼けた顔がにっこりと笑っていた。

誰だったかなぁと考えていると、ふいに違和感に抱きつかれる。

当時、住んでいたアパートは勾配のきつい道の真ん中に建っており、そのために塀は高く、階《きざはし》の形になっていた。大人でも簡単に覗き込むことはできない高さだが、この女の子は塀に手も掛けていない。

おそろしくジャンプ力のある子だとしても、塀から顔を見せることはさすがに無理だろうし、足をかけて登れるような箇所もなかった。

「心霊写真かもな」

冗談半分、本気半分でいうと息子は面白がってアルバムを持ってキッチンへといく。

キッチンのほうから「そんなもの見せないでよ」と妻の迷惑がる声がした。

それから妻と息子がアルバムを持って田坂さんの元にやってきた。

「二人で変な写真、探してこないでよ」と口を尖らせている。

あんな日焼けした健康的な顔で出てくる幽霊なんていないよと宥《なだ》め、でも近所にあんな子いたっけと聞くと、妻は首を傾げ、まったく見たことのない子だという。

写っているのが誰にしても、幽霊だなんだと不謹慎な話題になってもよくないから、この写真は先生のところへは持っていくなよと息子に釘を刺しておいた。

その晩、妻が思い出したらしく、管理人さんのとこの子じゃないかという。

写真の日焼け顔の女の子のことである。

当時住んでいたアパートの管理人の孫が、夏休みに遊びにきていたことがあった。一緒に遊んでくれと頼まれたのだが、息子が恥ずかしがってしまって結局、遊んであげられなかったのだ。

「きっとそうよ。あー、よかった、解決して。そう確か、こんな感じの子よ」

顔などは覚えていないが、そういわれたら田坂さんもそんな気がしてきた。

ただ、その孫は病気で亡くなったのではなかったか、という言葉は飲み込んだという。

二週間ほどして、息子の中学時代の先生の妻だという女性から自宅に電話があった。息子さんからお預かりしていたものをお返ししたいと。

アルバムを借りているのだという。

息子から聞いていたが、保護フィルムを剥がすと写真が傷むと思い、アルバムごと持っていったのだという。しかし、面会中に先生の具合が悪くなったので、後で見るだろうと置いていったらしいのだ。

その四日後に先生は亡くなってしまったということだった。

「お詫びしなければならないのですが」

とても恐縮した口調で、写真を一枚、傷をつけてしまったのですという。

大丈夫ですからと伝えると、後日、菓子折を持って田坂さん宅までわざわざアルバムを届けに来てくれた。

息子は外出中だったので、田坂さん夫婦が先生の最期の時の話を聞いた。

亡くなる前日、先生は一時、意識が戻った。

預かったアルバムや寄せ書きを見せると、とても優しい笑顔で見つめていたという。

ところが、アルバムの中の一枚を見るや急に怖い顔になって、震える手を上げて、指先をぐぅっと写真に押しつけたのだという。

借り物だからだめよ、と止めさせようとするが、先生の指はなかなか写真から離れず、看護師がアルバムを取り上げるまで怖い顔で指を捻じ込むようにしていたのだそうだ。

その後、容体が急変し、翌早朝、そのまま帰らぬ人となってしまったという。

先生が指をさしたのは例のプールの写真だった。

塀の上の女の子の顔のところに先生の爪の跡と思しき窪みが深くつけられていたと

いう。

息子は例の写真のことは一言も先生に話していないという。

なにかよくないものを写真から感じとり、息子のために消し去ろうとしてくれたのだろうか。

最後まで息子が世話になってしまったと、田坂さんはとても申し訳ない気持ちになったそうだ。

九・一一

生田《いくた》さんはしばらく定職に就かず、いつもふらふらとした生活を送っていた。おもに自動車工場の派遣のバイトをやっていたが、契約期間が終わると更新はせず、しばらく家に引きこもる。お金が尽きると、また少しの期間だけバイトをやって、小遣いができるとしばらく働かない、ということを繰り返していた。実家暮らしだからこそできた自堕落な生活だという。

とにかくやる気というものが何事においても湧かず、親も口煩《うるさ》くいうタイプではなかったので、ついつい甘えてしまっていた。

この日、風邪をひいてしまった生田さんはバイトを休んだ。

熱が高くなり、瞼や鼻息が熱くて眠ることもできず、自室の布団の中で天井をぼんやりと見つめていたという。

正午ごろになって玄関のほうから、かろかろかろと引き戸を開ける音がした。

両親はともに働きに出ているので夕方までは帰ってこないはずだった。

鍵、かけてねぇのかよ、不用心だな。

様子をうかがっていると、中年女性の声で「こんばんはあ」と聞こえてきた。

まだ昼だよ、バーカ。

物売りか宗教の勧誘だろうなと舌打ちする。

いずれにせよ、居留守である。放っておけば諦めて帰るだろう。

ところが、訪問者は帰らずに玄関で独り言をぺちゃくちゃと喋りだした。

話していることはよく聞き取れないが、いるのはわかってるんですよ、といわれているみたいで腹が立った。かといって、わざわざ出て行って追い返す気力も体力もない。

もうしばらく中年女性の独り言を聞いていることにした。

五分、十分――。

なにをそんなに喋ることがあるのか、独り言は途切れることなく続いている。

よくネタが尽きないもんだ。だんだん、なにを話しているのかと興味が湧いてきた。

もぞもぞと布団から這い出した生田さんは自室のドアに耳を押しあてた。

「そういうことなんでおねがいしまぁーす」

耳のすぐそばで聞こえた。

驚いた生田さんはとっさに「おい！」と怒鳴った。

訪問者はいつの間にか家の中に上がり込んで、ドアの前にいたのだ。

かろかろかろと引き戸の音が聞こえてきた。

ようやく、帰ったようだ。

驚かせやがって、なにがお願いしますだ。勝手に上がり込みやがって。そんなの泥棒と変わらねぇじゃねぇか。

また入って来ても面倒だ。玄関の鍵をかけとこう——。

「こんばんはあ」

再び玄関から、先ほどの中年女性の声が聞こえてきた。

マジか、また来やがった。

ドアのそばに立って様子をうかがうと、玄関のほうからぺちゃくちゃと聞こえてくる。

——ですってねぇ。——なんですってよ。——こわいわねぇ。

さっきからこいつは、誰に話しかけてるんだ。

玄関にいるのは宗教でも物売りでもない。頭のおかしいヤツだ。留守かもしれない家の中に勝手に入ってくるような常識のない人間だ。ほうっておけば火でもつけかねない。

声からして相手は中年女。男がいきなり飛び出していって大声で怒鳴って脅かせば、二度と来なくなるだろう。

できるだけ怖い顔を作って、部屋を勢いよく飛び出てやろうとドアのそばで身構えていると。

ぎし。

向こう側から寄り掛かったように、ドアが鳴った。

「そういうことなんでおねがいしまぁーす」

かろかろかろ、と玄関の扉が開く音がする。

そこで初めて、生田さんは気づいたという。

移動の間《ま》がおかしい。

玄関でぺちゃぺちゃ話していた声の主が、一瞬で自室のドアの前まで距離を詰めてひと言いったかと思えば、また一瞬で玄関の扉を開いている。その間《かん》、走るような足音を一切させずに。

——そこに気づいてしまったね。

そういわれているように、家の中の空気が急に重たく感じだした。

ダメなんだ。あれはたぶん、かかわってはダメなものだったんだ。

生田さんは部屋のドアに鍵をかけて布団に潜りこむと、トイレにもいかず、喉が渇いても我慢して部屋に閉じ籠り、親が帰ってくるのを待ち続けた。

幸い、訪問はその二度だけだった。

夕方に帰宅した母親にこのことを話すと「変ねえ」と首を傾げた。

戸締りはしっかりしていったはずだという。帰宅の際、鍵を開けて入ったというのだ。

熱のせいで悪い夢でも見ていたんじゃないのと笑いながら母親がリビングのテレビをつけると、夕方のニュースで数日前にアメリカで起きた同時多発テロの映像を流していた。

「嫌な世の中になったね」

釈然としない生田さんの目に、電話機で点滅している赤いランプが目に入る。

留守番電話が入っている。

電話が鳴った記憶はない。嫌な予感はしていたが再生ボタンを押す。

『こんばんはあ』

あの中年女性の声だった。

女性は脈絡もなく突然、世間話を始めたが、内容は同時多発テロのことばかりで、玄関でこぼしていた独り言とおそらく同じ内容だという。

『そういうことなんで、おねがいしまーす』

そこで切れた。

録音されたのは訪問があった時間で、女性のことを母親に聞いても心当たりがまったくないといわれたという。

神社のおかげ

四年前まで璃沙《りさ》さんがバイトをしていた工場に、木野という四十代の女性社員がいた。

男よりも背が高く、がりがりに痩せていて、私服が黒い服ばかりなので死神のようだった。

見るからに気難しそうな人なので話しかける人もなく、彼女から誰かに話しかけているところを見たこともなかった。

ある日の終業時、着替え終わってロッカールームを出ようとすると「ねぇ」と声をかけられた。

木野だった。

「神社、好き？」

唐突な質問に面食らっていると、薄汚れたトートバッグの中から開運厄除の字が縫い込まれたお守りを取り出し、璃沙さんの手に握らせると足早に帰っていった。

お守りを握ったまま呆然としている璃沙さんに、他の女子社員たちが興味津々の顔で近寄ってきた。

「なに話したの？」

今あったことを伝えると、宗教に誘われるかもしれないから気をつけなよと注意を促された。信心深いかを探って、そこから勧誘するつもりかもしれないよ、と。

以前に勤めていたアルバイトの女の子も今のようにお守りを急に渡されていたという。その時も神社がどうのこうのと話し始めたので、気味悪がったその子は目の前でお守りを捨てると、翌日から工場に来なくなってしまったという。

キミも捨てた方がいいよと言われたが、木野にバレたら怖い。

ああいうタイプの人は「おまえのためにしてやったのに、恩を仇《あだ》で返しやがって」と逆恨みをしてくるのだ。

とりあえず、捨てるのはもうしばらく待っておくことにした。

この後、璃沙さんは高校時代の友達と待ち合わせて飲みに行き、二次会、三次会《カラオケ》という流れで気がつけば終電をなくしていた。

給料日前なのでタクシー代をケチり、自宅までの三駅分の道のりを歩いて帰った。

寝静まった住宅地をふらふらと歩いていると、急に具合が悪くなった。

吐きそうなので道端に屈みこんだが、なかなか吐くことができない。

次第に鼓動が激しくなって、舌の奥のほうから酸っぱい唾液が湧いてくる。

異常に喉が渇き、水があったかなとバッグを開けると、ふいに後ろから肩を掴まれた。

乱暴に後ろに引かれた璃沙さんは、屈んでいた状態から地面に尻餅をついて、その姿勢のまま顔を上げた。

頭上に銀色のものが見える。ナイフの刃だった。

握りしめている太い指も見える。

悲鳴をあげる間もなく銀色の光が振り下ろされ、左胸に突き立てられた。

ゆっくりと瞼を上げると、璃沙さんは自宅付近の公園のベンチに座っていた。

恐る恐る左胸を触るが、刺された痕跡はない。血も出ていない。

「よかったぁ」

飲みすぎたのだ。無防備に外で寝てしまい、身体が冷えてあんな悪夢を見たのだろう。

本当に怖い目に遭わないように早く帰ろうとベンチを立つと、ぽとりと足元になにかが落ちる。

木野からもらったお守りだ。

——どこから落ちてきたの？

バッグの中に入れておいたはずだった。

拾ってよく見ると、開運厄除の文字の真ん中からバックリと裂けている。

まるでなにかに刺し貫かれたようだ。

もう一度、左胸を触ると、ブラウスのポケットあたりに裂けたような孔がある。

璃沙さんの顔から、どんどん血の気が引いていった。


翌日、二日酔いの頭を抱えて出勤した璃沙さんは木野を探した。

休憩所のベンチに座っている作業着姿の彼女の前にいくと、ペコリと頭を下げた。

「お守り、ありがとうございました」

バッグから穴の開いたお守りを出して木野に見せる。

このお守りのおかげで命を救われました。もう一度頭を下げる。

木野はベンチを立ち、黄ばんだ歯を見せて笑みを浮かべた。

「はあ？　なにいってんの？」

きょとんとする璃沙さんを置き去りに、木野はマッチ棒のような身体を振り振り、休憩所から出ていった。


それから璃沙さんは四日間、人じゃないものに左胸をナイフで刺され続ける。

汁猫

同級生が次々と自転車に乗れるようになる中、安谷《やすたに》さんだけはいつまでたっても補助輪を卒業できなかった。

なぜあの安定性をみんなが手放すのかがわからず、自分だけは取らないぞと心に誓っていたのだが、ある日、近所の「ヤバイ」ことで有名なおばさんが補助輪の音がうるさいと家に怒鳴り込んできたので、その日のうちに父にはずされてしまった。

補助のない自転車になど恐ろしくて乗れず、その日から移動はすべて徒歩になった。

ある日、高校生の従兄から家に電話がかかってきて、自転車に乗れるようにしてあげるから次の日曜日の朝に家までおいでといわれた。

あまり、気乗りしなかった。従兄の家にはお化けが出るのだ。

従兄の母がよくお化けを見る人で、魔除け代わりに白猫を飼っていた。飼うといっても放し飼いで、野良が好き勝手に出入りしているのと変わらない。

お化けも嫌だが、この猫はもっと嫌だった。皮膚病なので、あちこちから血のような汁をぼたぼた垂らして歩くので気持ちが悪く、それが気乗りしない一番の理由だった。

でも従兄はなんでも知っている頭のいい人なので、きっと転ばずに自転車に乗れる簡単な練習方法を教えてくれると期待し、日曜日の早朝から自転車を引いて、駅三つ離れた従兄の暮らすアパートへと赴いた。

アパートに着くと、なぜか従兄も叔母も留守だった。

玄関の鍵は開いていたので上がり込み、漫画本を読みながら従兄の帰宅を待った。そのうち、勝手口のある暗がりから、白猫がのそりのそりと歩いてきた。それが例の汁を垂らす皮膚病の猫だったから、安谷さんは「きったね！」「あっちいけ！」と蹴るふりをして追い払おうとした。

馬鹿にされているのか、動けないくらい弱っているのか、立ち去ろうとしない。この猫のために床に敷かれたタオルには、ピンク色の汁が垂れて滲んでいた。気持ちが悪いので見ないようにし、漫画の続きを読んでいた。

一時間経ってても帰ってこず、今日っていったのになぁと途方に暮れていると、家の電話が鳴った。

従兄かもしれないと受話器を取ったら、ドンピシャだった。急な用事ができて家を空けていたという従兄は、今からすぐに帰るから待っていてほしいという。

電話を切ったあと、勝手口のほうを見ると猫がいない。

出てってくれたのかなとホッとして振り向くと、玄関の上がり框《がまち》に座っていた。

いつからいたのか、玄関の引き戸の向こう側に人が立っている。

摺《す》り硝子越しで輪郭もぼやけているが、従兄ではなく、背の大きい大人だった。

猫は、その人影をじっと見上げていた。

人影はしばらくなにもせず、ただジッと立っているだけだったが、そのうち引き戸に手をかけて、開けようとガタガタと鳴らしだした。

鍵は掛けていないのに、どうして開けられないんだろう。

シャアッと猫が威嚇すると、戸を鳴らす音がピタリと止まる。

一寸《ちょっと》してまた戸を開けようとガタガタ鳴らし、猫がシャアッと威嚇《いかく》してピタリと止まる。

引き戸の前の人影がスッといなくなると、猫は玄関から離れて勝手口のほうに戻る。

すると今度は勝手口の戸がガタガタと鳴りだし、猫がシャアッと威嚇している。

誰かが入ってこようとしているのを、あの猫が追い払っているのだ。

猫が勝手口のほうから歩いてくると、また玄関の戸がガタガタ鳴り、摺り硝子の向こうに人影が立つ。

安谷さんは怖くなって、従兄の机の下にヤドカリのように潜り込んだ。

きっとあれが、叔母さんの見たお化けなんだ。ぶるぶると震える。

戸が震える音と猫の威嚇が繰り返される中、いきなりガラリと引き戸が開かれた。

お化けが入ってきた！　安谷さんは机の下で「助けて！」と叫んだ。

従兄だった。

しょんぼりとした表情で瞳を潤ませ、安谷さんのことを見下ろしていた。

猫は玄関の靴脱ぎ場に横たわっていた。

目と口をカッと開き、便か内臓のような赤黒いものを放り出して死んでいた。

上がり框には爪でひっかいた跡が深く刻まれている。

安谷さんは初めてこの時、この猫の背中をゆっくりと撫ぜた。

呼び出し

中学時代の中津川《なかつがわ》さんは授業妨害の常習犯だった。

おとなしい先生の授業に限ってだが、いろいろと茶々を入れたり、下ネタや物真似などの関係ない発言をしたりして、授業をよく脱線させた。勉強でもスポーツでもヒーローになれなかった自分が見つけ出した、唯一の活躍できる場だったのだという。

とくに美術の授業は妨害し甲斐があった。

美術教師の大山は四十代独身の男性で、まったく怒ったことがないうえに反応がいちいち面白い。

中津川さんが授業中にふざけたことをするたびに「アァーッ、おどろいたァッ」と甲高い声をあげ、オネエみたいなアクションを見せてくれる。

この大山のアクションを引き出せると、みんなから大爆笑をとれるので、ろくに作品も提出しないくせに彼の授業が楽しみで仕方がなかった。

そんな大山が初めて、中津川さんに怒りを見せたことがあったという。

「もうーっ、中津川さんは喋っちゃダメです！」

この日、大山は顔を真っ赤にし、教卓をバンバンと叩きながら怒りを見せた。

そんな大山を見たことがなかったので少々面食らったが、怯《ひる》む中津川さんではなかった。

むしろ、こいつは新展開だぞと楽しくなったという。

オーケイ、喋らなけりゃいいんだろ。

大山が黒板に向いている時、中津川さんはわざと鉛筆を落とした。

静かな教室に、かんからららんと響き渡る。

鉛筆を拾いに行って席に戻る途中、またわざと鉛筆を落とす。

転がっていった鉛筆を拾いに行くところを振り返った大山に見つかるが、喋ってないんだから文句はないだろうという顔で席に戻り、すぐに鉛筆を落とした。

明らかに大山は苛ついていたが、咳払いをして中津川さんをひと睨みすると黒板に向く。

中津川さんはそっと立ち上がって、みんなにも落とせとジェスチャーで伝える。
すると、約二十名の男子生徒たちが一斉に鉛筆を床に落とした。
「あああああ！」
大山は突然、甲高い声を上げて頭を掻き毟ると美術教室から出ていってしまった。
――今のはさすがにヤベェんじゃねぇの。
――男子サイアクなんだけど。
――ああいうのが一番怖いんだって。
――包丁持って戻ってきたりしてな。
クラスがざわつきだす。女子たちはいい迷惑だという顔で男子たちを睨んでいる。
中津川さんも今回はちょっとやりすぎな気もしたが、今さら引くことはできない。
いつものように「大山に殺されたりして」とおどけて見せた。笑いはとれなかった。
帰りのホームルームで担任から、放課後に大山先生のところに行くようにと言われた。
話があるとのことだった。うわ、めんどくせー。
バックレてもよかったが、親を呼び出されても困るので素直に従うことにしたという。

放課後に美術教室へ行くと、大山はまだいなかった。

壁を蹴り、机に突っ伏して待っていた。

「フザケンなよ」

しばらくそうしていたが大山はやってこない。だんだん眠くなってくる。

もう帰ろうと顔を起こすと、教室内が薄暗かった。

電気はついているし、外はまだ日も暮れていないのだが、日陰の中にいるように教室が翳《かげ》っていた。

なにげなく前を見た中津川さんは、ビクンと肩を震わせる。

教卓の真上に、白いものが浮いている。

なんだろう。ひと目ではそれがなにかはわからない。

じいっと見ていると、それが白い布で顔だけを覆った人の首だとわかる。

目鼻の凹凸が布越しにわかる。内巻きの長い黒髪が、風もないのにひらひらと揺れていた。

大声で叫びを上げながら美術教室を飛び出し、職員室へ飛び込むとそこには苛立った表情の大山がいた。

美術教室で待っているとは一言もいっておらず、ずっと職員室で待っていたのだという。

「謝ってください」というので中津川さんはとりあえず真剣に謝罪し、それから美術教室で見た首のことを興奮気味に伝えた。

真剣に伝えたつもりだったのだが、まだ反省していないととられたようで、それが本当なら見たことをリアルに描いてきなさいと宿題を出されてしまった。

問題児の狼狽する様子に職員室では笑いが起こっていた。

中津川さんは自分の部屋で真っ白なスケッチブックを睨みつけていた。

どうしても宿題には手が伸びなかった。

薄暗い美術教室に浮かぶ、顔の見えない生首。

どうしてそんなものを描かなくてはならないのか。

あれは、なんだったんだろう。

思い出すだけで吐き気がする。

何時間経っても見間違いや夢のせいにできないくらい、生々しい映像で記憶に焼きついていた。

このまま時間だけを費やして、あんなものを夜中に思い出しながら描くのも嫌だったので、適当さが伝わらない程度に適当に描いて、宿題を終わらせた。


その日の深夜、大きなノックに起こされた。

完全に熟睡していたので飛び上がるほど驚いた中津川さんは、バクバクと打ち鳴らされる胸を押さえながら「誰だよ！」とドアに向かって怒鳴った。

「ちょっと下に来い」

父親の怒り混じりの低い声がし、階段を降りる足音が聞こえてきた。

時刻は午前二時をまわっている。こんな時間になにを怒られるのだろうと緊張しながら下へ行くと、両親と寝間着姿の妹が怒った表情でダイニングのテーブルについている。

「誰なんだ？」

「え？」

「誰を連れ込んでるんだって聞いてるんだ」

「話し声がうるさくて寝れないんだけど」

一つ下の妹が迷惑そうな顔をしている。

「お兄ちゃん、テンション上がりすぎ。すっごく気持ち悪い、変態みたい」

「会う時間を考えろ。こんな時間に呼び出すなんて、向こうの親御さんが知ったら……色気づく前に自分がやるべきことをやれ！　いいか、もう帰ってもらえ。ちゃんと家まで送れよ」

おげ、げええ。

きゃあ、と妹が飛び退いた。

中津川さんは家族の前で吐いた。吐きながら、誰も部屋にいないんだよと訴えた。部屋にも見に来てもらったが、もちろん誰かがいるはずもない。

どうせ窓から逃がしたんだろうという目をされたが、吐いてまで嘘をつきとおそうとする中津川さんに呆れたのか、それ以上は追及されなかった。

その晩、一緒の部屋に寝させてくれと妹に頼んだが当然断られ、両親に頼み込んで一階の寝室で一緒に寝かせてもらった。

翌朝、学校の準備をしに自分の部屋に戻ると、なぜかあちこちに土がこぼれていた。

提出された宿題の絵を見た大山は嘆息し、残酷なものを描くなぁと呟いて、もう授業中にふざけちゃだめですよと注意をした。

そして、中津川さんが見たものは昔の卒業生だと大山はいった。

卒業後になにがあったらああなるのかと聞くと、それは教えてもらえなかった。

なんでも呑む子

肇《はじめ》さんは小さい頃から呼吸器系に持病がある。

医者から止められていたため、運動会や遠足といった身体を動かすイベント事に参加したことはほとんどない。休み時間に走り回ることもできないので、学校生活の中では特に印象に残るような思い出はなかった。

ただ、小学生の頃に同じクラスだったタケチヨという男の子だけは、ひじょうに強い印象を残しているという。

本名はタケシで、経緯は知らないが社会の先生が授業中にタケチヨとつけたという。

彼は勉強も運動も不得意で決して目立つタイプでもなく、休み時間も一人で絵を描いて過ごしているような影の薄い子だった。

ある時、なにを思ったのか給食の時間に突然立ち上がって、すごい技を見せると宣言したかと思うと、揚げパンを口に突っ込んだ。

呆気に取られているみんなの前で、彼はそれを人差し指でグッと押し込んだだけで、あっという間に口の中に全部詰め込んでしまうと、パッと口を開いて見せた。

大きな揚げパンはなくなっていた。

手品のようなトリックはなく、パンをほとんど咀嚼《そしゃく》せず、そのまま飲み込んでいたのである。

これにはみんな驚きの声をあげ、歓声と拍手が起こった。

それから給食のたびに、タケチヨの席にパンを持っていく者が出た。

当時はコッペパンを残して机の中でカチカチに固まらせている子も多かったので、残飯処理の目的もあったのかもしれない。

タケチヨは皆が自分に集まってくることが嬉しかったのか、次々と受け取ったパンを揚げパンの時のように一気に呑み込んで見せた。

不思議だった。牛乳で流し込んでいる様子もなかった。

パンの端を咥《くわ》え、指でグッと押し込むだけでパンは魔法のように消える。

喉が異常に広かったのか、飲む力が強かったのだろう。

こんな危険な行為を先生は止めるどころか、面白がって生徒たちの後ろで腕を組んで見ていたというから、今なら大問題である。

こうして彼の特技は他のクラス、他の学年にも伝わって、彼にいろいろ飲んでもらおうとする生徒たちが休み時間になると教室にやってきた。

タケチヨは一躍、スターになったのだ。


そんな彼がある日、昼休みの時間に救急車で運ばれ、そのまま亡くなってしまった。急なことで、みんなショックを受けていた。普段は彼に見向きもしなかった女子たちまで泣いていた。

彼の死の理由は、喉になにかを詰まらせてしまったのだという噂を耳にした。クラスには目撃していた者もなく、タケチヨがなにを呑んで死んでしまったのか、誰もわからなかった。

訃報を伝えた時の表情から先生は知っていたようだが、真似をされると困ると恐れたのか、あまりにショッキングな事実があるからか、あるいは他に理由があるのか、死因には一切触れることがなかった。

そのように謎めいた死だったからか、ほどなくして彼は怪談となった。

語られた期間は短く、おそらく一週間も続かなかったというが、校内をタケチヨの幽霊が歩いているという噂が広まったのだ。

授業中にトイレへ行くとどこかで出遭うとか、放課後の誰もいない教室で彼が座っているとか、いかにもそれらしい設定に加え、口の中に手を突っ込んだ姿をしているという悍《おぞ》ましいヴィジュアルまで追加された。

肇さんはクラスの子たちがしていた、こんな会話をはっきりと覚えている。

「タケチヨはグーをのんだんだって」

「グーって?」

「じゃんけんのグー」

「そんなの、のめるわけないよ」

「でも、そうやって死んだらしいよ」

この会話を耳にしてから肇さんは、タケチヨは本当に自分の握り拳を呑もうとして死んでしまったのかもしれないと思うようになった。

小学校を卒業後、肇さんは持病が悪化してしまい、進学した中学へは二学期から登校することになった。地元の中学なので同級生はほぼ小学校からの友達で、自宅療養中はよく、仲のいい友達が見舞いに来て新しい学校生活について話してくれた。

部活のことや先生の話などを聞いていると、唐突に「そういえば」と友達が切り出した。

「タケチヨっていたでしょ」

すっかり忘れていた名前だった。

少し前にタケチヨにそっくりな生徒がいると一年生のあいだで噂になり、再び幽霊が現れたのだといわれていた。

しかも、彼は中学生の制服を着て日中に堂々と校内を歩いているといい、目撃者も多数いた。

実際は幽霊などではなくタケチヨの実の兄で、当時は中学三年生。

これが困った人物らしく、校内で一年生に出くわすと男女関係なく睨んでくるというのである。

「多分なんだけど」と友達は憶測を口にする。

弟が死んだのは小学校で同じクラスだった誰かのせいだと思い込んでいて、誰と特定できないから一年生の全員を憎んでいるのではないかという。

冗談ではなかった。

あれは自分でやりだしたことだ。それに彼はクラスの子だけでなく、他の学年の子にまで得意げに〝特技〟を披露していた。

「それになんか暗そうな人でさ」

弟《タケチヨ》同様に兄も影が薄く、おとなしい生徒のようなので暴力を振るうタイプではなさそうだが、裏でなにかしてきそうな雰囲気があるので怖いんだと友達は話していた。


一学期が終わる数日前。

恐れていたことが起きてしまった。

タケチヨの兄が下校中の一年の男子生徒を金槌で殴ってしまったのだ。

殴られたのは肩だったので軽い打撲で済んだが、やられたほうの親が黙ってはいない。一時は大問題になった。

この現場をたまたま目撃した一年生が、タケチヨの兄が奇妙なことを口走っているのを耳にしていた。

だってタケシがやれっていうから！

金槌で殴った後の第一声だったという。

その後、自分の口の中に拳を入れようとして、後から来た先生方に止められた。

必死に抵抗しようとする彼の口には、歯がほとんど残っていなかったという。

卒業を待たずしてタケチヨ一家は町から引っ越していき、その後は噂にも聞かないそうだ。

厚意を吐く

なにより酒が好きな文野《ふみの》さんは毎日、一人晩酌を欠かさない。

休みの日などは家から一歩も出ずに朝から晩まで酒浸《さけびた》りの一人耐久レース。

外へ出ることがあるとすれば酒を買い足す時くらいで、その道中でもワンカップを数本空《から》にする。安酒ばかり飲むのは、その分たくさん量を飲めるからで、つまみも塩が一つまみでもあれば充分だという。

そんな飲み方していたら身体を壊しませんかと聞くと、これが不思議と悪いところは一つもないんですと笑いながら、ウイスキーをロックで注文した。

確かに文野さんは五十代にしては肌ツヤもよく、どこから見ても健康そのもので、わたしの周りの四十代よりも若々しく元気ハツラツである。

そんな文野さんが「あの時だけは危なかった」と青褪《あおざ》める、酒にまつわる出来事があるのだという。

三十代の頃である。

当時、勤めている職場が立地の理由で移転することとなり、移転先の準備が整うまで社員を預かってくれる仮の職場に通っていたのだが、ここがとても快適だった。自宅から歩いて五分。残業はなし。部屋から部屋へ荷物を移すだけの単純作業。いつもは残業と日々の疲れが嵩《かさ》んで、飲むとすぐ眠気に負けてしまうのだが、この職場は帰宅時間も早く、疲れもほとんど残らないので飲める時間が倍に増えるのである。

仕事帰りに酒屋に寄って、これから正月が来るのかというほど大量に買い込むが、それも幾日も持たず、また数日後に同じだけを買い込む。

そんな極楽のような生活が半月ほど続いた、ある晩。


眠っている時に急な吐き気に襲われ、目が覚めた。

台所に駆け込むと、げえげぇと二度吐き、胃の中を空っぽにする。

酒で吐くなんて高校生の時以来だった。弱くなったのかなと、自分の身体が少しだけ心配になった。

まだ胃がムカムカするので酒で洗い流すかと足元の一升瓶に視線を落とすと、再び吐き気に襲われて台所に走る。

胃袋は空っぽにしたと思っていたが、大物が喉を通って逆流してくる感じがあり、シンクの両端を掴んで口を大きく開いて待っていた。

オッ、オッ、オボォ
ゴトッと重い音がして、シンクの中に婆さんの首が落ちた。

おおおおお？　と、吐いた口の形のまま、驚きの声をあげる。

シジミのようなしょぼくれた目がパチクリとまばたきをしたので、文野さんは部屋の隅まで転がるようにして逃げた。

しばらく経ってから恐る恐る確かめに行くと、シンクの中には嘔吐《おうと》物があるだけだった。

安堵の息をこぼしたのも束の間――。

急に頭が割れるほど痛くなった。

尋常じゃない痛みに、どこかの血管が切れたのかと怖くなる。このまま倒れてしまってはマズイと感じた文野さんは、アパートの壁を力いっぱい殴った。誰かに気づいてもらうためである。

そこからの記憶はなく、目が覚めたら台所の前で倒れていて、盛大に失禁していた。

さすがに怖くなって後日、会社を休んで病院で頭を検査してもらったが、今すぐどうにかしなければならないような問題は見つからなかった。

死を間近に感じたことで物思うこともあって、文野さんは翌月に実家へ帰省した。

珍しく、酒のない素面《しらふ》の時間を過ごした。何年振りかに会う母は驚くほど老いていた。

ぼんやりと母の顔を見ていたら、あの時の婆さんは自分が高校生の頃に亡くなった祖母ではないかと思い始めた。

母に頼んで祖母の写真を見せてもらうと、まさに台所で吐いた生首と同じ顔がそこにあった。

急に帰ってきて祖母の写真を見たがる息子に、母は怪訝な目を向けている。

「実は――」と、あの夜に見たもののことを話すと「まったく」と呆れた顔をされた。

「お母さん、あんたのことを一番にかわいがってたから、きっと守ってくれていたんだろうに。あーあ、あんたったらほんと、昔から人様の厚意を裏切る子だったけど、バチアタリだよ……ほんと、ダメな子だよ」と、くどくどと嘆かれてしまった。

どうやら、文野さんは守護霊をゲロしてしまったらしい。


親戚の中で自分を守ってくれそうな人は、あと一人くらいしか顔が浮かばないので、次も吐き出してしまったら〝打ち止め〟かもしれない。

文野さんは他人事のように笑うと、グラスの中の琥珀《こはく》色を飲み干した。

禿頭《とくとう》

有子《ゆうこ》さんの息子が小二の頃である。

家に遊びに来ていた息子の友達のユウくんが、突然、奇妙なことをいいだした。

「ねえ、おとうさんってツルツル？」

息子がムッとして、ちがうよと答える。

「ツルツルじゃないよ。ふっさふさだよ。なんでそんなことというの？」

「じゃあ、ツルツルの人はだれ？」

ユウくんは不思議そうな顔をする。

子供たちは面白い会話をするなぁと横で聞いていた有子さんに、ユウくんが訊ねる。

「ツルツルの人はここに呼んであげないの？　一緒にあそんであげちゃだめなの？」

「うん、呼ばないよ。だって、わたしはその人を知らないから」

「うそ、しってる人だよ」

有子さんも子供たちの想像遊びにまぜてもらうことにする。

「誰なんだろう、ユウくんはどうして、わたしがしってると思うのかな?」

この家に来るとよく見かける人だからとユウくんは即答する。家の前でよく立っているし、庭からこの部屋《リビング》をジッと見ているよと言われると、家への侵入を狙っている不審者のことを話されているようで、子供のいうことでも少しだけ気味が悪かった。

「ユウくんはその人が誰なのか知ってる? どこかほかで見たことある?」

少し考えて、「エキノオミセ」と言われたが、「駅のお店」はキヲスクだろうか、駅ビルだろうか。

「その人に聞けばいいのに。さっきからいるよ」

どこにいるのと聞く前に、ユウくんは有子さんの後ろを指さした。

「その人」

その瞬間、後ろから扉の閉まる音がした。

有子さんはギャアと叫び声をあげ、息子とユウくんを守るように抱いて後ろを振り向いた。

開けていたリビングの扉が閉まっている。

「誰ですか！　帰ってください！」

震える声で伝えるが、扉の向こうに動きはない。

目をきょろきょろとさせ、ソファの上に携帯電話を見つけると、すぐに掴み取って警察へ通報した。


侵入者の痕跡は見つからなかった。

玄関の鍵はしっかりかかっており、二階の窓もすべて閉まっていた。

時間をかけて玄関周辺を調べてくれた警官はウーンと考え込んでいる。

不審な者の姿を見たのが子供一人だけという点が、警官の判断を鈍らせていた。

「あなたが見たというわけではないんですよね？」

三度も同じことを確認されたうえで、ひじょうに言いづらそうに見解を告げられた。

誰かを見たというのは子供の見間違いで、ドアが勝手にしまったのを有子さんが侵入者のせいだと勘違いしたのでは、と優しい口調で伝えられる。

一つでも侵入の痕跡があれば手がかりとなるが、痕跡ゼロではどうにも動けないらしい。申し訳ないですが見たままで結論を言わせていただくと家に人が入ったとは思えないんです、といわれてしまった。

他にわかったことがあれば連絡してくださいといい残し、警官は帰っていった。

納得はできなかった。

ユウくんが指をさしたタイミングで扉が閉まった、あの瞬間に味わった恐怖がまだ忘れられないのだ。

怯える母親の姿を見たからだろう、息子さんが自分の部屋から玩具の剣を持ってきて、「悪いやつが来たら、ぼくがたたかうから大丈夫だよ」と力強くいってくれた。

ユウくんは自分の持ってきた携帯ゲーム機で遊んでいる。

ちょっといいかな、と有子さんは紙とペンをユウくんに差し出した。

どんな人を見たのか描けるかなと聞くと「描けるよ！」と元気に答え、ペンを握った。

「えっとねぇ――あっ」

ユウくんが上を向いた瞬間、二階で扉の閉まる音がした。

有子さんは子供たち二人を抱えるようにして外へ連れ出すと、近くの公園まで走って逃げたという。

後に息子さんから、ユウくんとは絶交したと聞かされた。

彼は友達の家へ行くたびに誰かがいると嘘をついて怖がらせるので、みんなから嫌われているのだといっていた。

ユウくんはきっと嘘をついていない。

むしろ、正直すぎるのだ。

あとがき

昨年、ひじょうに怖いことがありました。

これはぼくの体験した、一応〝怪談〟です。

息子の誕生日に、実家でバースデーパーティーをしようということになりました。

昨年の夏に母がこの世を去り、実家には父が一人でした。

急に一緒にいた人が消えてしまった、その空虚を簡単に埋めることはできないけれど、少しでも前向きに楽しく過ごせる時間を共に送ろうと考えていました。

当日、今日はケーキを買っていくからと伝えるために実家へ電話をかけましたが、まったく電話に出ません。

いつもならコンビニにでも行っているのかな、寝ているのかな、と受話器を置くのですが、この日は胸騒ぎがしました。

電話に出ないことなど、よくあることなのに、この日はなにかが「違う」と感じたのです。

すぐに実家へ向かったぼくは、ドアを開けてゾッとしました。

家の中は暗く、トイレのドアが開いて中から黄色い光が漏れていました。奥のリビングではテレビがついています。そして、目覚まし時計が鳴り響いていました。

なにより血の気が引いたのは、チェーンが掛かっていたのです。

それは、父が家の中にいるということですし、入ることができないということです。

薄暗い家の奥からは「死」の臭いがしました。

皆さんは、嗅がれたことはあるでしょうか。「死」が持つ、暗く寂しい臭いを。

ぼくは何度もあります。

腐った肉体の放つ臭いのことではなく、なんといったらいいのか、ぬるくて、淀んだ、甘いような、嗅ぐだけで気が滅入る、とても不吉な臭いなのです。

その臭いを嗅いだぼくは絶望的になりました。

ドアの隙間から大声で呼びかけました。

反応はありません。

ぼくの通報で警察と救急隊の人たちが来て、チェーンを切っていいかと訊ねます。

お願いします。お願いします。

入る前に救急隊員の方に、こう告げられました。

もし、万が一のことが起きていたら――つまり、その場で死亡が確認されたら、病院へは行けません。

チェーンが切られ、救急隊員と警察の人たちが先に入っていきました。ぼくはだいぶ遅れて入りました。

救急隊員の方たちは開いているトイレをスルーし、寝室へと入っていきます。

ぼくはもうパニックで、えずきが止まりません。死んでいる父の顔を想像していたのです。

「意識があります」

その声が聞こえた時、ぼくは膝がガクガクと震えて、その場に座り込んでしまいそうになりました。誰かが支えてくれていたのを覚えています。

こうして病院に搬送された父は徐々に意識を取り戻し、二度ほど危険な時があって病院から呼び出されはしましたが、今もがんばって生きております。

ぼくが今でも不思議なのは、あの電話の時の胸騒ぎです。

もし、いつものように気にしていなければ、発見が遅れてどうなっていたか、わかりません。

それから、鳴り続けていた目覚まし時計。

父親は目覚まし時計のいらない生活を送っています。なにより、寝ている時に突然音が鳴るのは心臓に悪そうだからと使わないのです。

しかも、その時計はぼくが小学生の頃に使っていた時計なのです。どうしてあの時計が今ごろになって押入れの中から出されて、あの時に鳴り響いていたのか。

父親に訊ねても、倒れた時のことを覚えていないのでわからないというのです。

そして、「死」の臭い。

ぼくはあの臭いで、父の死を覚悟したのです。あの時はたしかに、そこに「死」がありました。でも、父が生きているとわかったら、その臭いは消えていたのです。まあ、これはぼくの精神状態が関係していたのかもしれませんが。

これはぼくの勝手な考えですが、父は意識を失って倒れてからも、どうにか自分の状況をぼくに伝えたかったのではないでしょうか。

ここまで書くと怪談書きの拡大解釈と思われるかもしれませんが、あの時、伝えようとしていたのは父だけではなかったのです。

この日、実家に電話をかける前まで原稿を書いていたぼくは、違和感をおぼえてキーを打つ手を止めました。

ぼくの両手の指に、長い白髪が絡んでいたのです。

妻も僕も白髪はありません。心当たりは夏に亡くなった母でした。

すべてが偶然だとは考えていません。

なにかが働きかけたのではないか、そう信じております。

入院中の父は、毎晩、母が来ると僕にいっていました。

夢を見ていたのかもしれませんが、本人はそうだとは思っていませんでした。見舞いに行くたび、昨晩の母のことを聞かされたのです。

怪談に書けるじゃないか、と父は笑っていました。

怖くないから書かないよといいましたが、ここに書いてしまいましたね。

黒 史郎

異界怪談 暗渠

2018年5月5日　初版第1刷発行

著者　黒 史郎
デザイン　橋元浩明(sowhat.Inc.)
企画・編集　中西如(Studio DARA)
発行人　後藤明信
発行所　株式会社 竹書房
〒102-0072 東京都千代田区飯田橋2-7-3
電話03(3264)1576(代表)
電話03(3234)6208(編集)
http://www.takeshobo.co.jp
印刷所　中央精版印刷株式会社

定価はカバーに表示しています。
落丁・乱丁本の場合は竹書房までお問い合わせください。

ISBN978-4-8019-1456-8 C0176